U0537059

艺术体育

高校学术研究论著丛刊

校园足球课程资源开发与建设研究

王生贵 著

图书在版编目(CIP)数据

校园足球课程资源开发与建设研究 / 王生贵著. --北京：中国书籍出版社，2019.11

ISBN 978-7-5068-7568-4

Ⅰ.①校… Ⅱ.①王… Ⅲ.①足球运动—学校体育—课程建设—研究—中国 Ⅳ.①G843.2

中国版本图书馆 CIP 数据核字(2019)第 270098 号

校园足球课程资源开发与建设研究

王生贵 著

丛书策划	谭 鹏 武 斌
责任编辑	宋 然
责任印制	孙马飞 马 芝
封面设计	东方美迪
出版发行	中国书籍出版社
地　　址	北京市丰台区三路居路 97 号(邮编:100073)
电　　话	(010)52257143(总编室)　(010)52257140(发行部)
电子邮箱	eo@chinabp.com.cn
经　　销	全国新华书店
印　　刷	三河市铭浩彩色印装有限公司
开　　本	710 毫米×1000 毫米　1/16
印　　张	17
字　　数	216 千字
版　　次	2021 年 1 月第 1 版　2021 年 1 月第 1 次印刷
书　　号	ISBN 978-7-5068-7568-4
定　　价	82.00 元

目 录

第一章 校园足球发展现状与前景分析 …………………… 1
第一节 校园足球概述 …………………… 1
第二节 校园足球开展的背景与现状 …………………… 9
第三节 影响校园足球开展的因素分析 …………………… 17
第四节 校园足球发展的前景 …………………… 22

第二章 校园足球课程开展的现状分析 …………………… 29
第一节 足球硬件设施建设现状 …………………… 29
第二节 足球课程教学现状 …………………… 32
第三节 足球师资力量现状 …………………… 47

第三章 校园足球课程建设的科学理论基础 …………………… 54
第一节 体育学基础 …………………… 54
第二节 哲学基础 …………………… 62
第三节 美学基础 …………………… 68
第四节 教育学基础 …………………… 74

第四章 校园足球课程内容资源的挖掘与开发研究 …………………… 82
第一节 校园足球课程内容资源的编排 …………………… 82
第二节 校园足球课程内容资源的选择 …………………… 102
第三节 校园足球课程内容资源的开发 …………………… 105

第五章 校园足球课程构建的程序与方法 …………………… 108
第一节 校园足球课程教学设计概述 …………………… 108
第二节 校园足球课程设计的依据 …………………… 123
第三节 校园足球课程教学的实施 …………………… 126
第四节 校园足球课程教学的评价 …………………… 130

第六章　校园足球课程教学理念与目标的设计 …………… 137
　第一节　当前体育教育的三大教学理念 ………… 137
　第二节　先进教学理念在校园足球课程教学中的应用 ………………………………………… 151
　第三节　校园足球课程教学目标的设计 ………… 157
第七章　校园足球课程教学内容与方法的设计 …………… 165
　第一节　校园足球技术教学内容与方法设计 ……… 165
　第二节　校园足球战术教学内容与方法设计 ……… 183
第八章　校园足球课程教学与训练计划的设计 …………… 197
　第一节　小学、中学、大学足球教学计划的设计 …… 197
　第二节　小学、初中、高中足球训练计划的设计 …… 210
第九章　校园足球游戏课程教学设计 …………………… 227
　第一节　传接球游戏教学设计 ………………………… 227
　第二节　运球游戏教学设计 …………………………… 235
　第三节　头球游戏教学设计 …………………………… 243
　第四节　踢球游戏教学设计 …………………………… 248
　第五节　射门游戏教学设计 …………………………… 255
参考文献 ……………………………………………………… 261

第一章　校园足球发展现状与前景分析

校园足球是提高我国足球运动水平的重要环节，已经上升到国家战略层面，目前校园足球活动正在全国各地如火如荼地开展着。当前，教育部主导下的校园足球逐步走上正确发展轨道，既有政府层面的政策和资金扶持，也有优秀足球人才和社会各界力量的参与和支持，发展前景十分广阔。但与此同时，因为校园足球在我国开展时间较短，所以发展还不够成熟，存在师资短缺、运行与管理机制不健全等问题，这些问题制约了校园足球发展的高度，今后应重点解决这些问题与障碍，以提升我国校园足球的发展水平。本章重点分析校园足球发展现状与前景，首先简要阐释校园足球的基本知识，然后对校园足球开展的背景、现状、影响因素展开分析，最后探讨校园足球发展的前景。

第一节　校园足球概述

一、校园足球的概念

关于校园足球的概念，不同学者提出了不同的看法，具有代表性的观点有以下几种。

第一，校园足球是在学校开展的以学生为参与主体的足球活动。这个观点主要强调两点，一是活动范围是学校，二是参与主体是学生。

第二，校园足球是以促进学生身心健康和德、智、体全面发展为目的的足球活动。这个观点强调校园足球在培养学生健康体质及促进学生各方面素质协调发展方面的重要作用。

第三，校园足球是以增强学生体质为出发点和最终归宿的足球活动。这个观点强调校园足球的发展背景和“阳光体育运动”以及我国青少年学生体质下降的有关事实，为了呼应国家倡导的“阳光体育运动”，改善和增强青少年体质，所以要发展校园足球。

第四，校园足球是学校体育教育的重要内容之一，这个观点主要强调校园足球属于学校体育的范畴，具有教育属性。

综合以上几种观点，这里认为，校园足球指的是以学生为参与主体，以培养学生的体育精神、促进学生身心健康与全面发展为出发点，以增强学生体质为目标，以传授足球知识、技能为基本手段的学校体育教育活动。①

二、校园足球的价值分析

校园足球具有重要的体育价值、教育价值以及文化价值，下面对校园足球这几方面的价值一一进行分析。

（一）体育价值

1. 强身健体

我国开展校园足球活动，不仅是为了实现竞技目标——“为国争光”，还是为了提升学生的体质健康水平。校园足球具有强身健体的重要价值，只有让学生认识到这点，并认识到健康体质的重要性，才能激发学生参与校园足球活动的积极性。学生的日常生活与学习都是建立在身体健康这一基础之上的，青少年学生的健康也反映了中华民族生命力的旺盛与强大。我国青少年学

① 王阳．河北省校园足球活动的开展现状和影响因素分析[D]．河北师范大学，2015.

生体质下降的问题引起了国家、家庭及社会的热切关注。从游戏中发展而来的足球运动规则简单易懂，场地布置和参与人数、运动时间的多少都可以灵活安排，所以在青少年学生群体中开展这项运动是可行的，且有一定的优势。学生体格发育的质量与其锻炼水平之间是正相关的关系，学生参与足球运动，力量、速度、耐力等各项身体素质都能得到锻炼，再加上多元有效的锻炼方法与科学合理的运动负荷，学生能够取得良好的锻炼效果，身体素质可得到全面协调发展，综合素质也会进一步提高。

2. 普及知识与技能

从普及到提高要经历一个从量变到质变的过程。发展校园足球，必须注重普及足球知识与传授足球技能，这是将足球运动引进学校的一项核心任务，只有先在知识、技能上不断增加量的积累，不断加大普及力度，才有可能达到质的变化，这是一个螺旋上升的提高过程。普及足球知识与技能，还要对学生的身心发展规律予以尊重，并结合文化教育的规律不断扩大普及的广度与深度，逐步培养学生对足球运动的兴趣，使学生养成经常参与足球运动的好习惯。此外，利用学校的教育资源，走体教结合发展之路，可培养意志坚韧、品质高尚的优秀足球人才。学校要重点培养天赋好的学生，将足球后备人才的选拔、培养及输送体系逐步建立起来，并不断予以完善，解决我国足球运动人才短缺的问题。

3. 培养人格精神，提升品质

校园足球内容丰富，活动形式多样，其中足球比赛是校园足球的一个重要活动形式，校内比赛、校际比赛、区域选拔性比赛等能够为青少年足球爱好者提供良好的实践机会和交流平台，学校举办校园足球比赛也是对外交流的一个重要窗口。学生参与不同规模与类型的足球比赛，不断超越自己，取得好成绩，实现自我价值，满足自我需要，在这个过程中，意志得到磨炼，品质得到提升，精神得到升华，逐渐成为意志坚强、敢于拼搏、团结协作的优秀足球后备人才，其人格精神也会逐渐得到质的提升。

（二）教育价值

校园足球是学校体育教育活动，这项活动开展的各个环节都融入了对学生德、智、体等素质的培养，体现了素质教育与校园足球的密切结合。学校开展足球活动，注重对学生德、智、体的全方位培养，而且重视提高学生的社会责任感，培养学生的创新精神和探索精神，并强调学生要在实践中解决现实问题，以提高学生的实践能力与社会适应能力，这些都有助于提升学生的综合素质。校园足球注重学生的协调与全面发展，是素质教育的重要手段。

（三）文化价值

校园足球文化包括物质文化、制度文化、精神文化和行为文化四个层次，下面主要从这几方面来分析校园足球的文化价值。

1. 物质文化

在校园足球文化体系中，物质文化是最基础的组成部分，也是校园足球的外在标志，包括足球场地器材、足球宣传栏及与足球有关的建筑、雕塑等，这些物质文化包含着深刻的足球思想、情感等足球文化内涵。随着校园足球物质文化的丰富与发展，物质文化的多元特征越来越明显，如科学化特征、人性化特征及现代化特征。特征鲜明、类型丰富的校园足球物质文化是开展校园足球最基础的因素，其中凝聚着人类的无限智慧，对学生具有重要的熏陶作用。

足球场地是足球物质文化的基础内容，校园足球场地的建设质量直接影响校园足球活动的开展、校园足球文化的宣传以及学生对足球运动的兴趣。因此，建设优质的校园足球场地至关重要，在场地建设中选址、布局、风格、配套设施质量等都是必须考虑的因素，如此才能保障校园足球活动的顺利开展，才能为传播校园足球文化提供良好的物质环境。

2. 制度文化

在社会主义核心价值观的引领下，校园足球制度文化表现出突出的科学性、规范性、纲领性、前瞻性等特征，这为校园足球运动的顺利开展提供了非常重要的保障。校园足球制度文化包括足球运动规则、管理条例、运行模式等内容，这些内容具体涉及三个模块，包括政府、学校和社会。

从政府层面来说，政府部门颁发的足球纲领性文件、党和国家领导人所做的关于校园足球的重要指示与讲话都属于校园足球制度文化的内容。

从学校层面来说，学校体育组织机构及有关部门制定的管理规范条例及制度等都属于校园足球制度文化的内容。

从社会层面来说，社会足球组织机构、管理制度等也会对校园足球的发展产生一些影响。

校园足球的发展离不开一系列规章制度的指引，只有坚持科学制度的指引，才能使校园足球活动的开展更加规范，使学生在参与足球运动的过程中自觉约束自己的言行举止，养成良好的行为习惯。

3. 精神文化

在校园足球文化体系中，足球精神文化是灵魂，指的是学生在参与校园足球活动的过程中形成的思维方式、价值观、审美观等，精神文化是校园足球可持续健康发展的重要因素。

在校园足球教学、训练及比赛中，要充分融入体育精神，宣扬艰苦奋斗、自强不息、团队协作、无私奉献等精神，这对学生具有非常重要的积极的教育意义，能够激发学生的热情和兴趣，活跃活动气氛，提高校园足球活动的开展效果。

4. 行为文化

校园足球行为文化包括校园足球游戏活动、校园足球活动中的礼仪等。校园足球行为文化发展的核心是学生的价值取向，它属于意识形态的范畴，学生的行为方式从根本上来说主要受其价值取向的影响，学生参与足球活动的动机也主要体现在其价值取向上。

不同学生的兴趣爱好、个性特征存在一些差异，所以他们参与校园足球活动的价值目标也有所不同，不同的个性特征及价值取向也影响着他们对足球运动基本规律、技战术等的认识，影响着他们参与校园足球训练、竞赛、游戏等活动的行为方式。在校园足球行为文化建设中，要正确引导学生的价值取向，使学生对校园足球有正确的认识与全面的理解，并培养学生积极向上的足球参与行为。

三、校园足球的发展历程

我国校园足球的发展大致经历了无序发展、初步发展以及快速发展三个阶段，下面主要通过这三个阶段来简要分析我国校园足球的发展历程。

(一)无序发展

2009年以前，我国校园足球活动，包括足球教学、足球训练、足球竞赛等活动就一直持续不断地开展，但当时校园足球还未引起国家层面的高度重视，主要表现为政府没有出台相关规划与文件来扶持和指引校园足球发展，因为没有政府的引导，所以校园足球的发展处于没有秩序的混乱状态。当时也有一些开展较好的校园足球活动，如全国性的飞利浦大学生足球联赛，但因为各地经济发展不平衡，各学校的足球运动水平差距较大。经济发达、足球氛围好的地区校园足球发展水平高，经济落后及足球氛围差的地区校园足球发展水平低，没有形成全国一盘棋的局面。

例如，辽宁省根据本地学校足球的发展情况，由省足协和教育部门协作设立了一批足球重点学校，包括中学与小学，这些学校是发展校园足球的重点学校，被确定为足球重点学校的中小学每年定期参加全省中小学足球比赛，校园足球发展模式覆盖全省，这与现在校园足球的发展模式类似。但当时类似的发展模式在我国其他地区并未出现，各地校园足球的发展差距显著。

（二）初步发展

2009 年 4 月，国家体育总局与教育部联合下发《关于开展全国青少年校园足球活动的通知》（以下简称《通知》），以推动青少年体育工作的开展，促进青少年体质的增强。这一文件指出要在各级学校全面开展校园足球活动，让学生学习与掌握足球知识、技能，并以学校为支撑，加强对体教结合引导下的青少年足球后备人才培养体系的构建，创建新的足球人才培养模式。国家为成功启动校园足球发展计划，设置了专项经费，从体育彩票公益金中拨专款为校园足球的发展提供经费保障。之后短短几年内，全国各地纷纷建立校园足球单位，参与校园足球活动的在校学生突破 100 万名。

2014 年 10 月，国务院发布《关于加快发展体育产业促进体育消费的若干意见》，加强对校园足球的全面推广。同年 11 月，国务院召开全国青少年校园足球工作电视电话会议，此后全国青少年校园足球工作正式由教育部负责。在接下来的校园足球工作中，有关部门一直强调要加强教育部门与体育部门的联系，形成体育与教育整合的发展模式，以大力普及与全面推广校园足球，不断提高青少年学生的身体健康水平，并培养优秀的足球后备人才，为我国足球事业的发展做贡献。

（三）快速发展

2015 年 3 月 16 日，国务院办公厅印发《中国足球改革发展总体方案》（以下简称《方案》），这是校园足球上升为国家战略的重要标志，此后，我国进一步加快校园足球的发展速度，取得了良好的发展成果。有关部门在全国范围内大力普及校园足球，提倡在学校体育教学中开设足球课程，要求每学期的学时要达到一定的要求，要满足学生的学习需要，吸引更多的学生参与校园足球活动。国家重点扶持之前建立的校园足球特色学校和之后建立的校园足球学校，足球学校的发展取得了可喜的成绩。发展校园足球不但可以促进青少年学生体质的增强，还能扩大足球人口规模，从而为大众足球的发展提供群众基础，为职业足球的发展储备优秀人才。

2015 年 7 月，教育部等 6 部门发布《教育部等 6 部门关于加快发展青少年校园足球的实施意见》（以下简称《意见》），该文件指出，到 2020 年，全面支持建设 2 万所左右青少年校园足球特色学校，到 2025 年，支持建设 5 万所校园足球特色学校。

2016 年，国家发改委公布《中国足球中长期发展规划（2016—2020 年）》，指出足球教学的改革还需进一步深化，要不断丰富学校足球教学活动形式和教学内容，培养优秀的校园足球教师和教练员，促进足球师资专业技能和业务能力的提升，并根据学生的身心发展特征开发足球网络课程，进一步完善校园足球课程教学体系。

2017 年 2 月，教育部办公厅印发《关于加强全国青少年校园足球改革试验区、试点县（区）工作的指导意见》，关于校园足球的改革问题，该文件提出了五项重点任务和四项保障措施，强调校园足球改革中的整体部署，针对校园足球教学、训练、竞赛等活动提出具有针对性的改革方案，形成完善的改革体系和规范的管理机制。①

2018 年，为了全面贯彻落实党的十九大精神和习近平新时代中国特色社会主义思想，我国认真总结校园足球工作经验，针对工作中存在的问题而重点予以解决，继续加强校园足球基础设施建设工作，调整校园足球发展规划，完善校园足球教学、训练及竞赛体系，以做好校园足球各项工作，提高校园足球发展的高度。

---

① 谢敏．我国校园足球开展现状刍议[J]．哈尔滨体育学院学报，2018，36(5)：56-60.

第二节　校园足球开展的背景与现状

一、校园足球开展的背景分析

（一）国家政策的影响

2014年10月20日，国务院下发《关于加快发展体育产业促进体育消费的若干意见》（以下简称《意见》），《意见》要求我国体育发展要由“金牌体育”向“全民体育”转变，将全民体育上升到国家高度，重视全民体育的发展，国家从政策上给予全民体育极大的扶持。同时，《意见》中也有一些内容是关于校园足球的，如进一步扩大校园足球定点学校的数量，加强校园足球联赛机制的构建与完善，为国家培养一批优秀的足球人才等。这对在全国范围内全面推广“校园足球”提出了新的要求，也给予了一定的引导，各地积极响应国家号召，按政策要求部署校园足球工作。

在全民健身的大背景下，青少年运动健身也受到了关注与重视，积极开展校园足球活动，可引导学生树立正确的健康观，养成良好的体育锻炼习惯，促进学生体质健康水平及综合素质的提升。

（二）足球事业发展的影响

足球是世界第一运动，参与人群多、受关注度高、影响范围广，这些都决定了我国有必要开展校园足球活动。我国足球事业尤其是竞技足球事业发展现状不容乐观，和足球发展较好的国家相比存在明显的差距。和足球发达国家相比差距更是巨大。就和邻国日本相比，我国竞技足球事业的发展不及日本。其实在20世纪90年代以前，我国的体育水平总体上比日本高，甚至在整个亚洲都是稳居前列的。而现在，日本的足球发展水平已远远超过我国，日本在大型足球赛事中取得的成绩以及在培养足球后备人才方面的成就等都超过了我国，中国足球近些年几乎没有取得过令人满意的成绩。为了尽快提升我国足球发展水平，必须加强足球人才的培养，发展校园足球有助于在体教结合模式下培养一批足球后备人才，从而为我国足球事业的发展输送优秀人才。

（三）青少年学生体质下降的影响

在传统应试教育模式的影响下，我国很多中小学围绕"分数"展开教学，青少年学生在学校将大部分时间用于学习文化课，锻炼身体的时间很少，甚至在课余活动时间也埋头学习文化知识，或者教师占用学生的课余时间，所以学生的锻炼时间不断缩减，导致体质越来越差，如近视率不断上升，超重或肥胖学生越来越多等，这不符合现代社会发展对青少年一代的要求。

学校体育的发展是改善青少年学生体质的关键，足球作为学校体育的重要内容之一，在增强学生体质方面具有重要的作用，因此可通过开展校园足球来改善学生的体质现状，提高学生的健康水平，促进学生健康成长。开展校园足球的可行性较大，因为受参与人数、场地设施的限制相对不是很大，而足球运动在青少年群体中是比较受欢迎的，其具有健身性、娱乐性，既能锻炼学生的身体素质，又能满足学生追求乐趣和放松娱乐的需求，所以在学校开展足球活动具备了一定的基础条件。

二、校园足球开展的现状

（一）校园足球快速发展

《中国足球改革发展总体方案》中提到，到 2020 年全国校园足球特色学校要达到 2 万所，到 2025 年要建成 5 万所足球特色学校。实际上,建成2万所足球特色学校的任务在2017年就已经完成了,比原计划提前了三年。校园足球特色学校每周开设一节足球课,并组织在校学生参加课余足球训练和校园足球比赛,校园足球活动在全国范围内开展得如火如荼,且活动质量也有了一定的提升。

为支持校园足球的发展,教育部培训了3万多名足球教练员,地市级、省级足球教师培训累计数量达到20多万,经过培训的足球教师和教练员在校园足球特色学校中扮演着重要的角色,发挥着举足轻重的作用。教育部出台《学校体育美育兼职教师管理办法》,鼓励有体育特长的人才进入学校担任教师一职,这为扩大足球师资力量提供了良好的条件。2017年,全国新增的体育教师中有足球背景的教师多达1.5万名。教育部还从国外聘请了一批一线足球教师到足球特色学校授课,以促进基层足球训练水平的提升。

为进一步指导校园足球教学活动的有序开展,校园足球专家委员会编制了从小学一年级到高中三年级的校园足球教学指南,义务教育阶段的教学指南以教学大纲的形式呈现出来,每个学期20节足球课,为整个义务教育阶段的每节足球课都拍摄了教学视频。

目前,我国很多学校都建设了标准的足球场地,预计到2020年校园标准足球场地将达到85 000块。校园足球场地设施建设离不开国家的资金扶持,国家设置专项资金来支持校园足球工作,专项经费用在各省、市、县的每一所校园足球特色学校,以支持足球特色学校顺利开展足球相关工作。

总之,在国家资金与各项政策的支持下,我国校园足球快速发展,取得了可观的成绩。

(二)校园足球开展的问题

上面分析了我国校园足球快速发展的表现及取得的成绩,说明校园足球在我国受到了国家层面的高度重视。但因为校园足球在我国起步晚，所以发展还不够完善，依然存在一些普遍性的问题，下面主要就这些问题展开分析。

1. 校园足球经费不足

经济基础决定上层建筑，经费是校园足球发展的基础条件，没有经费的支持和投入，校园足球的基础设施建设、足球教学和训练器材设备、足球教师和教练员的福利待遇和校园足球的竞赛体系建设等都会受到很大的影响。换句话说，没有经费的稳定注入，校园足球活动将无从开展。

目前，我国开展校园足球活动的资金主要来源于国家体育总局和各地教育部门的财政支持。尽管我国对校园足球提供了大量的经费支持，但是开展校园足球是一项系统的工程，涉及校园足球的方方面面都需要大量的资金维持，国家每年提供的经费对于全国校园足球发展来说有些不足。各地方政府和学校的财政支出虽然起到一定的作用，但远远不够，还需要更大力度的资金支持。另外，我国开展校园足球活动的资金来源相对单一，国家和地方财政支出的方式略显单薄，需要进一步加强民间资本的注入，以解决校园足球发展中经费不足的问题。

2. 校园足球设施建设不完善

近些年，由于我国学生数量日益增多，校园足球基础设施已经无法满足校园足球活动进一步开展的需求，校园足球基础设施建设不完善、足球场地数量不足和质量较差的问题越来越突出，我国学校学生人均足球场地面积非常小，这严重制约了校园足球的顺利发展。

此外，我国近些年城市用地不断扩大，学校已无法通过扩大土地来建设更多的足球场地和基础设施，这就形成了校园活动需求和土地之间的矛盾，要解决这样的问题，需要从土地建设、学校自身条件和客观环境入手，统筹安排和规划，完善校园足球基础设施建设。有条件的学校足球基础设施建设情况良好，但学生只是在足球课或足球比赛中才能使用足球场地，因为正规足球训练场地的维护费用昂贵，学校为了节约费用，严格控制学生的训练时间和训练次数，这不仅无法提高校园足球的发展水平，而且会使学生对学校管理产生抵触情绪，足球场地设施得不到有效利用，成为日常摆设，造成资源浪费。

3. 校园足球人才培养目标不明确

新时期，在“以人为本”科学发展观的指导下，体教结合的培养模式将是未来我国培养全面发展的高素质竞技体育人才的必由之路，校园足球正是在体教结合理念的引领下发展的校园体育活动。然而校园足球自 2009 年启动以来，是以“体”为主导还是以“教”为核心，是普及层面的大众足球推广活动，还是提高层面的足球后备人才培养路径，这一问题至今仍然存在很大争议。

在实际操作过程中发现，各级管理部门的工作重心明显倾向于“教”和“普及”。主要表现为，在校园足球活动的筹备和组织中，主要考虑参与学校和人数的多少，对参与队伍中学生潜力的好坏很少关注。这直接造成了各地校园足球联赛规模大而无序、学生多而不强的现象。

需要注意的是，我国从启动校园足球以来，在定点学校中有组织的群体性课外足球活动非常少，甚至有部分定点学校的足球活动的开展处于自发、无序状态，学生喜欢足球便自己玩，学校缺乏引导，而且大部分定点学校组织的校园足球活动并没有吸引太多的学生参加，参与足球活动的学生人数长期没有明显增加。对于这一问题，定点学校并没有太多关注，学校只强调重在参与，不计得失，这直接影响了青少年足球人才的成材率。

4. 人才选拔体系存在缺失

校园足球活动的发展模式与传统模式相比是有优势的，其能够充分发挥政府的主导作用，整合教育系统和体育系统各自的优势资源，共同负责，共同培育，同时依托学校建立人才培养主渠道。然而在具体工作的落实中，并没有充分利用优势资源建立合理的、有针对性的、完善的竞赛制度，在活动的开展中也缺乏有效的优秀人才发掘体系。由于缺乏合理的竞赛组织制度和硬性要求，校园足球比赛成为一项课外体育活动，不计较比赛结果，有时候会发生单方面弃赛甚至双方同时弃赛的情况。而且在活动开展中，体育主管部门也没有充分利用这一契机建立完善的后备人才选拔机制，导致校园足球发展中没有涌现出越来越多的优秀人才。

5. 足球教师综合素质较低

校园足球教学活动是足球教师以学校体育目标、学校教学条件等因素为依据而设计、组织及实施的，足球教师是校园足球教学活动的重要组织者与实施者，在足球教学活动中发挥着重要的主导作用。当前，校园足球活动在全国各高校广泛开展，这就进一步加大了足球教师的数量缺口，一些学校为了应急，解决师资不足的问题，在招聘足球教师方面没有严格把关，没有特别注重考查足球教师的资质，招聘的教师素质不高，虽然暂时在一定程度上解决了足球教师数量不足的问题，但又造成了足球师资质量低下的问题。

在国家教育部门的大力号召下，我国越来越多的学校纷纷开展校园足球活动，但每年的足球毕业生数量有限，毕业后选择足球教师职业的毕业生更少，僧多粥少，足球教师数量少的问题依然没有得到彻底的解决。因为优秀的足球毕业生或者说足球专业背景好的毕业生数量较少，所以学校不得不招聘一些专修其他项目的体育毕业生，这些毕业生的足球知识水平和技能水平与足球专业毕业生相比还是有差距的，这就导致足球教师队伍的整体质量不高，不同专业背景的足球教师的能力良莠不齐，校园足球教学和训练活动的开展质量也因此受到了严重的影响。

另外，一些在职足球教师借着校园足球活动的热度而过分追求更高的薪资，不断为自己申请更好的福利待遇，而不重视通过再教育、培训来提升自己的足球知识素养和教学能力，甚至当学校为其安排培训后，找理由拒绝参与，不服从安排，这些教师的存在影响了足球师资队伍的整体水平与质量，他们在足球教学中也不可能兢兢业业，不可能全身心投入与付出，足球教学的效果必然会受到严重影响。

6. 校园足球制度建设不健全

从 2009 年开始，校园足球工作在全国上下全面实施，校园足球步入有序发展阶段。为推动校园足球的健康发展，国家相继出台了很多政策和文件。但分析这些政策文件发现，国家在发展校园足球方面强调的重点，主要集中在足球基础设施建设、足球教学、足球特色学校建设等方面，而忽视了校园足球本身的制度建设，这是现阶段我国校园足球制度建设落后、缺乏良性运作机制的一个主要原因。

校园足球制度建设不健全，主要体现在以下几个方面。

第一，没有建立校园足球课程实施与考核评价制度，所以很难科学评价足球课程建设情况和足球课程教学质量。

第二，缺乏严谨的足球师资资格认证制度、培训上岗制度及工作保障制度，导致足球教师、教练员的专业素养参差不齐，而且足球师资的合法权益也缺乏充分保障。

第三，缺乏青少年足球后备人才的选拔与培养制度及足球人才职业生涯规划，且人才输送渠道不通畅，严重影响了校园足球后备人才的培养质量及输送。

上述制度和机制的缺失或欠完善对我国校园足球的健康发展造成了严重的影响，需要有关部门及时出台相关政策来予以解决。

受传统思维观念的影响，我国各个学校虽然响应号召，积极开设校园足球活动，但“重规划、轻监督和管理”现象普遍存在，学校对上级部门的文件精神缺乏深刻的领悟与贯彻，所以只是在表面上做文章，开展一些形式性的足球活动，而没有采取针对性较强的相关措施来真正落实文件精神。国家为推动校园足球发展而颁发的一系列政策文件具有明显的导向作用，但这些政策具体在地方学校中没有得到很好的执行与落实，因而很难实现预期的校园足球发展目标。

7. 校园足球管理机制不完善

当前，我国校园足球主要采用的管理模式是垂直管理模式，或者说是自上而下的管理模式，即“全国领导小组—省市领导小组—区县领导小组—定点学校”的管理模式。[①] 这种管理模式看起来比较健全，各管理层次之间密切衔接，但在具体运作中还存在诸多问题。其中最主要的问题是责、权、利相互脱离，管理权限与管理范围相互不匹配，这是造成校园足球管理效率低和管理效果差的一个主要原因。

体育部门和教育部门这两个系统在我国公共事业管理体制中是相互独立的，它们都是我国校园足球发展的重要部门，体育系统负责组织校园足球活动，培训校园足球教练员及裁判员，教育系统负责学校球队组建、教练员分配以及组织学生参与活动等工作，足球管理部门与足球参与者之间的接触以间接形式为主，面对面直接接触的情况很少，校园足球活动的开展情况基本直接由学校所决定，但一些学校领导对校园足球活动并不是很重视，只是敷衍地开展一些活动，搞形式主义，所以制约了校园足球工作在学校的真正落实。再加上教育部门管理的积极性不足，体育部门的管理职能有限，因此政府为发展校园足球而下达的政策及指令很难顺利落实。

---

① 成耀东．青少年校园足球未来发展模式的设想[J]．当代体育科技，2013，3(29)：99-100.

第三节 影响校园足球开展的因素分析

影响校园足球开展的因素主要有学校及学生因素、家庭因素、社会因素以及政策因素，下面具体进行分析。

一、学校及学生因素

（一）学校因素

1. 学校场地和师资因素

足球运动的开展需要宽阔的场地，场地要有优质的材质，这是足球运动顺利开展的基础保障。校园拥有环境良好的足球运动场地和充足的基础设施，是顺利开展校园足球活动的重要硬件因素。如果场地小，设施不齐全，则必然影响校园足球活动的开展。

校园足球的发展离不开足球教师的教育教学工作，足球教师制订与实施校园足球教学计划，组织课外足球活动，指导学生参与足球活动，所以足球教师的业务与水平影响着校园足球活动的开展质量。学校要重点招聘身体素质强、专业技能好、拥有先进教学理念和掌握了丰富教学方法的足球教师，或者说要把现有教师培训成具备这些条件的教师，提高足球教师的专业素养，从而为校园足球活动的开展提供良好的条件。

2. 学校组织因素

校园足球能否受到学生的喜爱，关键要看学校相关部门对足球活动的组织与管理，学校组织的足球活动少、足球比赛少和足球队训练时间短严重制约了校园足球的开展。现阶段，中小学的校园足球活动主要是常规的足球课和少量几次足球比赛，针对足球队和足球俱乐部举行的活动只局限于少部分学生参与，而常规足球课时间较短，以学习足球基本功为主，而足球比赛针对足球技能较好的少部分学生，所以导致很多学生不能真正参与到校园足球活动中，学校的趣味足球活动和足球文化活动开展较少，活动内容单一成为造成校园足球参与度低的一个重要原因。

足球队训练是学校针对热爱足球的学生特别组织的足球活动，为培养足球爱好者的专业足球技能，足球队一般每周训练三四次，每次训练 1～1.5 小时，但对热爱足球的学生来说，每周训练次数和训练时间远远不够。足球队训练中有很长时间是采用小型足球比赛或自由练习的形式进行训练，足球教练员带领训练的时间很少。而且足球队的训练内容和训练方法与平时足球课的区别不大，训练内容较为简单和单调，所以影响了足球队整体水平的提升。

3. 学校管理因素

学校管理者是校园足球活动的决策及管理者，他们对校园足球活动的态度将在很大程度上影响校园足球的发展。现在，很多学校管理者把在校园内普及足球运动作为开展校园足球活动的主要任务，并以塑造高素质足球人才为标准。校园足球活动不再是单纯组织学生参与足球活动、参加校园足球联赛。为了顺利开展校园足球活动，校园足球办公室在活动开始前进行周密的准备工作，准备期组织一批管理干部进行业务学习，组织学校管理者召开研讨会，并开展指导员培训班，活动期间各地区体育部门与教育部门有明确分工。以上这些积极举措代表了一种决心与信念，有助于促进校园足球的健康发展。

学校管理者对校园足球主要进行整体管理，而指导员对校园足球活动的管理是比较具体的。校园足球指导员对活动的管理体现在对球队训练的管理、对比赛的管理等方面。在校园足球活动中，指导员的任务主要是引导学生正确参与足球活动，传授给学生足球技能，让学生体验足球运动的乐趣。

(二)学生因素

1. 学生认知因素

一些家长和文化课教师不支持学生踢足球,一是担心学生受伤,二是担心影响学生文化课成绩,家长和教师的错误认知严重影响了学生对校园足球活动的认知,一些学生认为参加足球活动肯定会影响文化学习或肯定会受伤,所以干脆不接触这项运动,远离足球,最终导致校园足球活动的参与度低,阻碍了校园足球活动的开展。

2. 学生能力因素

青少年时期是身体发育成长的最关键时期,青少年学生积极参加体育锻炼,能够有效促进心脏、骨骼和肌肉的发育,获得强健的体魄,从而为学习与生活提供身体保障。当前,我国一些青少年学生的身体素质状况不容乐观,部分体能不达标,而足球项目需要良好的体能,这些学生因为身体的原因而不愿意参加校园足球活动。

足球运动除了需要很好的体能,还对技战术提出了一定的要求,复杂的技战术需要学生通过长时间的练习才能熟悉和掌握。青少年学生学习能力有限,对足球了解不多,或者只是将其当成一种游戏,而要真正学习足球技战术,他们就会认为足球运动很难,如果在学习中遇到不好掌握的技术,他们很容易放弃,甚至会产生厌学情绪。这就需要教师调整校园足球教学内容,根据学生的学习能力合理安排教学内容,循序渐进地指导学生掌握足球基本技能。

二、家庭因素

家庭的教育功能是学校所无法取代的,尤其是在培养青少年人格方面。如果家长对校园足球活动的认识存在缺失,他们就会提出一些不合理的建议,从而阻碍校园足球活动的进一步发展。

家长在日常生活中对孩子的体育教育既是社会体育教育的基础,又是学校体育教育的延伸。培养家长的足球兴趣会促使孩子产生这方面的兴趣,从而促进校园足球的发展。一些家庭没有参与足球运动的动机和需求,这对孩子参加足球运动是不利的。只有家长对足球运动感兴趣,才能带动孩子参与这项运动,使孩子在参与过程中锻炼体质、培养意志,甚至发展成为优秀足球后备人才。

观看足球比赛是非常好的一种亲子互动方式,家长和孩子可以利用这个机会沟通与交流,增进情感。家庭是孩子最有力的支撑,是促进校园足球可持续发展的关键因素之一。如果孩子在参与足球运动的过程中能及时和家长沟通,解决自己的困惑,那么他们将会认为足球是一项非常有意义的活动。

三、社会因素

(一)社会经济

经济是社会发展的基础,也是体育活动开展的基础。通常,一个地区的经济发展水平越高,政府和社会投向体育领域的资金就越多,反之就越少。因此,一个地区的体育投入水平取决于这个地区的经济实力。

校园足球活动开展的规模、水平和速度,归根到底取决于经济发展水平,取决于经济发展所能为校园足球活动提供的物质条件,取决于经济发展带来的个人经济状况以及由此引发的人的观念、思维方式和行为方式的变化。① 经济对校园足球活动的影响具体表现在校园足球活动经费投入、学校足球场地建设及器材配套等方面。

① 陈超.校园足球活动在辽宁省布局小学的开展现状及影响因素分析[D].沈阳体育学院,2010.

(二)社会舆论

当今社会人们获取信息的渠道越来越多,而社会媒体也理所当然地成为了信息社会的主流,成为了人们生活中不可或缺的重要组成部分。校园足球活动要想获得更多的关注和更快的发展,就必须依赖来自社会各界方方面面的报道与支持。学生、家长、教师以及社会各界需要通过电视、报纸、杂志、网络等媒介获取足球信息。当然,媒体报道的足球负面新闻也会影响人们的足球观。我们需要利用社会媒体等信息平台去积极宣传校园足球的阳光形象,让更多的人认识足球运动积极的一面,并认可与支持校园足球。

目前我国对校园足球的宣传与推广缺乏系统的信息传递渠道,校园足球活动的媒体宣传仅仅停留在新闻报道的层面,缺乏跟踪报道。所以,我们要借助更多的社会媒体工具来关注校园足球活动的点点滴滴,多向社会传递校园足球发展的良好势头,以获得更多的支持与帮助。

四、政策因素

政策法规也是影响校园足球活动开展的一个重要因素。只有在国家出台完善的政策法规的引领下,校园足球活动才能顺利开展。从实证的意义上说,政策法规是由国家制定或认可的,并以国家强制力为后盾的行为规范的总和。社会政策法规本身对人们的行动和社会的发展具有引导功能,具体表现在明确目标、指导行动等方面。

政策法规同样对学校体育活动具有重要的引导功能,这通过"阳光体育工程"的例子就能体现出来。"阳光体育工程"是在2006年年末由教育部、国家体育总局、共青团中央共同决定,从2007年开始在全国各级各类学校中广泛实施的学校体育活动。校园足球活动之所以能够顺利开展,也正是借助了"全国亿万学生阳光体育运动”的成功经验及成果，而且与《关于开展全国青少年校园足球活动的通知》《全国青少年校园足球活动的实施方案》等政策文件的出台与实施有密切的关系，这些文件明确提出了如“校园足球联赛”“指导员培训”等内容的具体安排，正是因为有此类政策的指导，校园足球活动才能在全国范围内有条不紊地开展。

第四节　校园足球发展的前景

当前，我国校园足球处于快速发展阶段，在国家、学校、家庭及社会等各个层面的支持下，校园足球有着良好的发展前景。但我们也必须重视校园足球发展中存在的种种问题，只有从现实问题出发寻找具有针对性的解决方案，才能为校园足球的发展扫除障碍，进一步加快校园足球的发展速度，提升校园足球的发展高度。解决校园足球发展中的问题也是未来一段时间内校园足球工作的重点，下面具体针对我国校园足球发展的现实问题而探讨解决对策。

一、采用多种宣传形式逐渐扩大校园足球文化的影响力

校园足球文化未来将会成为全国性的文化及大众化的文化，为了加快这一转变，现在必须将校园足球布局城市的主流媒体资源乃至全国的主流媒体资源充分利用起来，并加强地方媒体资源与全国媒体资源的有机融合，实现二者的协调运转，利用媒体资源加大对校园足球的宣传力度，使校园足球的影响力进一步扩大，使群众对校园足球形成更加全面与深刻的认识，使校园足球获得社会各界的认可与支持，甚至达到全民树立校园足球理念的目标，这必然能够进一步推动校园足球的快速发展，使校园足球

在现有的发展基础上实现更大的突破。

各地的校园足球项目负责人要积极与当地的媒体部门寻求合作，将发达的网络媒体资源的开放性传播功能充分发挥出来，通过多种形式的宣传来增强品牌效应。在传播过程中，不管是传播形式，还是传播内容，都要体现出创新性，如此才能对全民尤其是对青少年学生产生更大的吸引力。

此外，各布局城市加快校园足球官网建设也很重要，官网的知识内容及新闻报道要及时准确地更新，要不断丰富官网足球内容，提升官网足球内容的质量。

现在，新媒体传播工具已经成为人们日常生活中非常重要的一部分，如微信、微博等，发展校园足球，可以合理运用这些媒体工具，从而及时推广信息，与大众密切互动，如此能够有效提升校园足球在不同年龄人群中的影响力，从而为校园足球的快速发展奠定良好的大众基础。

二、积极完善校园足球发展计划

校园足球工作主要由教育部门负责，但足球是体育项目，发展体育运动，需要体育部门发挥职能与作用。因此，体育部门应与教育部门协调配合，真正推动校园足球活动在全国范围内的广泛开展。要实现校园足球的持续健康发展，需要制订与完善发展计划，并在计划实施过程中加强监督与管理。校园足球发展计划包括教学计划、训练计划、竞赛计划等，积极完善这些计划，并加大检查与管理力度，可以保证学校正常开展足球活动，以更好地向青少年学生普及足球知识和文化，营造良好的校园足球文化氛围，提升校园足球发展水平。此外，在校园足球发展计划的制订与完善中，还要将校园足球人才培养计划融入其中，依托学校教育资源培养出品学兼优、各方面素质综合发展的青少年足球人才。

三、解决校园足球发展中经费短缺的问题

校园足球活动的顺利开展是以充足的经费作为基础保障的，只有解决经费短缺的问题，校园足球活动才有可能按计划开展。虽然现在校园足球获得了政府层面的支持，政府设置专项经费扶持校园足球，经费投入也有所增加，但因为我国开展校园足球的学校数量多，每所学校开展足球活动都需要经费支持，所以政府提供的经费就显得有些不足，有限的经费制约了校园足球的无限发展。对于这个问题，要重点从以下两个方面来解决。

第一，政府层面继续加大经费支持力度，从体育彩票基金中划分出一定比例的资金投入到校园足球的发展中。地方政府也要适当增加投入比例，对现有的校园足球经费机制加以完善，探索新机制，以最大程度地支持校园足球的发展。

第二，为缓解政府的财政压力，学校要尽可能争取社会力量的支持，从社会层面获取经费来支持校园足球的发展，也就是多引进民间资本。这就需要学校在遵守国家相关规定的基础上，利用互联网技术和新闻媒体工具多渠道宣传校园足球，以调动社会企业、足球相关组织机构投资的积极性。学校可以和当地足球组织、足球俱乐部或体育企业等联合开展公益性质的足球活动，以扩大校园足球的影响力，吸引赞助商投资。

四、加强校园足球基础设施的建设

校园足球教学、训练、竞赛等各项活动的开展都离不开足球基础设施，只有完善校园足球基础设施建设，才能为校园足球活动的顺利开展提供基础保障。在建设校园足球基础设施的过程中，必须将学校的客观实际条件作为首要考虑因素，在立足实际的基础上对建设工程进行科学规划，以促进校园足球基础设施结构的优化、质量的强化以及利用率的提升，从而满足校园足球教

学、训练和比赛的需要。

国家针对校园足球出台的相关文件和政策指出，在条件允许的情况下，学校要建设1块以上标准足球场地，如果条件不允许，则根据实际情况建设适合本校的足球场地，总之都要开展校园足球基础设施建设工作，不能让学生没有踢球的场地。各校在规划足球场地建设工程时，应考虑本校的场地条件、资金条件，规划要有可行性，甚至还要结合本地区的足球场地建设规划来进一步分析，以盘活本地资源，综合利用足球场地，满足更多人的需求，以免造成资源浪费。一些学校尝试与社会、社区共建足球场地，这样不仅可以使学生的需要得到满足，还能提高足球场地的开放程度与利用率，形成教育与体育、学校与社会、学区与社区共建共享场地设施的良性机制。①

完成校园足球基础设施建设工作后，要加强基础设施的管理，安排专门人员做好清洁、维修与保养工作，增加使用年限，提高利用率，避免造成不必要的损失与浪费。

五、明确以后备人才为主体的培养目标

作为阳光体育的重要组成部分之一，校园足球活动的广泛开展对于促进学生体质健康水平的提高具有重要的现实意义。此外，扩大足球人口规模，选拔优秀的足球后备人才，为推动中国足球事业的发展而培养与输送优秀人才也是校园足球发展的重要战略意义。一般的学校体育课外活动以学校为主导，以培养学生的运动兴趣、增强学生体质为目的，而校园足球与一般的课外体育活动不同，它是由教育部门和体育部门共同发起的充分融入学校体育并在学校之间建立起广泛联系的活动，开展这项活动主要是为了推广普及足球运动，增加足球参与人数，促进学生全面发展，并挖掘与培养优秀的青少年足球后备人才。因此，先普及、后

① 郝纲．我国校园足球活动开展的现状问题及对策研究[J]．当代体育科技，2018，8(26)：161-163.

发展才是校园足球的目标，普及与发展是递进关系，校园足球是我国为普及足球运动而采取的一项重要手段，也是为培养足球人才而开发的一个重要途径。

六、提高校园足球师资队伍的综合素质

教学活动的直接组织者是教师，教师是教学活动的主体之一，对教学效果有重要的影响。学校足球教学和足球训练是校园足球的典型活动形式，足球教师和教练员的综合素质对校园足球教学及训练活动的开展效率和质量起着重要的决定性影响。因此，提高足球师资队伍的专业素质及综合素质具有重要意义。

第一，国家和各地政府出台了一系列支持校园足球发展的政策，学校应充分利用这些政策，并立足学校客观实际，着手进行校园足球教师和教练员培训基地的建设，组建足球优秀师资培训班，培训活动的开展要有目的，有计划，要及时引进国外的先进培训技术与成功培训经验，在科学先进的理念下运用丰富有效的方式与手段培养一批优秀的足球师资队伍。学校还要定期开展足球教师教学竞赛、经验交流和教研等活动，促进足球教师综合职业素养的提升和教学实践能力的增强。总之，通过培训，要使足球教师与教练员树立科学的足球教学理念与训练理念，掌握先进的教学与训练方法，全面做好校园足球教学与训练工作，发挥自己的作用与价值。

第二，学校可以和地方足球俱乐部合作，定期安排学校的足球教师和教练员进入俱乐部学习，从而使校园足球教师的视野更加开阔、知识更加丰富、技能更加完善。

第三，学校还要定期开展讲座，聘请足球专家授课，进一步促进本校足球师资力量的增强。

第四，有条件的学校可以为优秀的足球教师或教练员提供出国进修的机会，使他们走出国门，开阔视野，将先进的足球理念和教学训练方法引进来，结合学校实际适当运用新方法，以提高足

球教学与训练效果。

第五，足球教师和教练员不能完全依赖学校或教育部门提供的培训机会来提升自己，而要自己利用业余时间自觉学习或参加实践活动，不断增加自己的足球知识储备量，提高自己的足球技能水平，自觉借鉴国外的先进教学或训练经验，引进科学的教学或训练方法，全面提升自己的业务能力和足球素养。另外，足球教师除了要学习足球专业知识外，还要学习教育学知识、心理学知识及其他相关文化知识，以提升自己的文化知识素养，正确把握教学规律，对学生的心理特点有一定的了解，进而根据学生的身心发展特征科学组织教学活动，激发学生的学习兴趣，提高教学效果。

七、建立健全校园足球竞赛体系

开展丰富多彩的校园足球竞赛活动能够促进校园足球持续稳定发展，还能更好地推广校园足球，所以改革与完善校园足球竞赛体制、建立健全校园足球竞赛体系具有非常重要的意义，具体应从以下几方面努力。

首先，增加校园足球比赛的数量，提升校园足球赛事的举办质量，鼓励与引导更多的青少年学生参与比赛，以培养他们的足球兴趣与实践能力。

其次，加强校际足球比赛交流，为青少年足球爱好者提供更多的参赛机会，满足他们的参赛需求。学生参加校际足球比赛，还可以与其他学校的足球爱好者交流与切磋，学习其他学生的技巧，发现自己的不足，逐渐提高自己的足球运动水平。

最后，开展形式丰富的校园足球比赛活动，如“五人制”比赛、半场比赛、足球基本功比赛（运球、颠球、射门比赛）等，从而吸引更多的学生参与其中，提高学生的足球技能和参赛水平。

总之，建立健全校园足球竞赛体系，不但可以增加学生的参赛机会，从而促进学生体质增强和足球技能水平的提高，还能挖掘天赋好的足球苗子，培养优秀的青少年足球人才，为我国足球事业的发展提供人力资源保障。所以，我国要加快建立融“校内竞赛、校际联赛、选拔性竞赛、出国交流比赛”于一体的校园足球竞赛体系，并不断完善该体系，发挥竞赛的重要作用。

八、建立教育-体育部门协调配合的校园足球管理机制

整合教育部门与体育部门的优势资源，充分发挥这两个部门的作用，有助于推动校园足球的进一步发展。体育部门的资源优势主要表现为资金优势、技术优势、赛事组织管理优势等，正因为有这些丰富的优势资源，体育部门才能在校园足球工作中担任主导者。教育部门主要负责管理学生的学习和生活，同时也要在宣传、动员等方面发挥作用，以调动学生参与足球活动的积极性。体育部门应与教育部门协同开展校园足球工作，如体育部门负责校园足球活动的策划和管理，教育部门动员与组织广大青少年学生参与丰富多彩的校园足球活动。在建立体育部门与教育部门协同配合的校园足球管理机制的过程中，还应争取家长和社会舆论的支持，在这些基础上构建完善的校园足球发展平台，将体育部门与教育部门，学校、家庭与社会的关系协调好，从而更好地保证校园足球活动的顺利开展。

第二章　校园足球课程开展的现状分析

近些年来，我国政府部门及领导人都高度重视足球运动的发展，足球运动发展的基础在于校园，因此目前国家教育部门也相继出台了大量的有关校园足球发展的政策与文件，尤其可见校园足球的重要性。要想进一步促进我国校园足球运动的发展，首先就要在充分调查校园足球教学实际的基础上针对存在的问题进行分析，从而找出发展的战略与对策。

第一节　足球硬件设施建设现状

国家体育总局、教育部联合出台了《国家体育总局、教育部关于加强全国青少年校园足球工作的意见》，要求加大投入力度，加强场地设施建设和利用，加强师资建设，在中国足球发展的基础和薄弱环节——校园足球方面取得突破。

意见指出，各级教育部门要优化支出结构，积极增加校园足球经费并确保定点学校校园足球工作的支出。各级体育部门要从体育彩票公益金中拨出专款用于校园足球工作。从 2013 年开始，国家体育总局每年对校园足球的拨款将从 4 000 万元增至 5 600 万元。意见还要求加强场地设施建设和利用，拓宽足球场地建设和运行资金的投入渠道。各地在公共体育服务体系的规划建设中，要优先建设小型多样的足球场地设施，并对学校足球场地的建设和开放给予扶持。由此可见，足球场地等硬件基础设施建设对校园足球发展的重要性。目前，虽然我国加强了校园足球的硬件基础设施建设，在一定程度上满足了学生的需求，但总体来看，仍然有很多学校存在着足球基础设施建设不良的情况，需要今后大力改进。我国校园足球的硬件基础设施建设情况主要包括以下两个方面。

一、全国校园足球运动开展的硬件设施现状

足球场地与器材有着严格的要求与标准，如果足球场地与器材不达标，就不利于足球运动的开展，不仅难以获得理想的教学或训练效果，甚至可能会导致运动损伤。近些年来，我国十分重视校园足球活动的开展，国家体育总局也相应地对此不断增加投入，专门有用于校园足球开展的经费，尽管如此，与欧美足球强国，乃至于亚洲的日本和韩国相比，我国的校园足球硬件基础设施建设仍然处于落后的局面。

足球场地与设施是制约和影响我国校园足球运动开展的重要因素，需要今后加强这一方面的建设。我国的足球场地有限，而且大多数场地都集中在高校校园，标准的足球场在中小学特别是小学几乎没有。目前，大部分中小学的足球训练场地都是与其他运动场地混合的，而且足球训练设施十分陈旧，长期疏于养护和更新。这种情况严重制约了学生足球运动水平的提高，难以推动校园足球的健康发展。因此，要将校园足球的硬件基础设施建设看作一项重要的任务，不断完善我国的校园足球场地设施建设。

二、地方校园足球运动开展的硬件设施现状

总体上来看，我国各学校的足球基础设施建设还存在着诸多问题，不能很好地满足足球教学的要求，尤其在一部分经济水平落后的城市更是如此。下面主要研究与分析我国地方校园足球运动开展的硬件设施现状，以从微观上了解我国各地区的校园足

球基础设施建设情况。

以山东省济南市校园足球为例。2018 年，济南市校园足球办公室向本市所有布局学校分别发放了 30 套足球装备和 50 个足球。此外，济南市的一些试点学校还有大小不一的足球门、足球墙以及足球网等配备设施。据相关调查发现，大部分学校都比较满意目前的足球器材状况，这些学校一致认为校园足球活动因为这些配备的足球器材而得到了顺利的开展，校园足球队训练的需要也因此得到了满足。济南市的试点学校中很少有认为现有的足球器材难以使校园足球运动的顺利进行得到保障的。从这一点能够得出，济南市校园足球活动的开展在硬件设施方面已经达到一定的标准，这为校园足球活动的正常运行创造了良好的条件。

目前，我国土地资源价格日益上涨，这是校园足球运动场地短缺最为直接的原因之一，严重影响到我国校园足球运动的发展。由于足球场地的使用费用很高，因此除了平时的足球课外，很多青少年学生没有一定的经济能力在付费足球场地上进行锻炼。

总体上来看，我国正规大型的足球运动场地非常少，这与欧美等足球强国具有较大的差距，并且这一差距有逐步拉大的趋势。据调查，北京市有接近 100 个足球场地是对外开放的，这些足球场地中，属于中小学活动场地的只有 11 个，剩下的大都属于高校的活动场地。广州市有大约 50 个足球场地是对外开放的，属于中小学活动场地的也只有 10 个。当然，不能否定安全因素是造成中小学足球场地对外开放率低的主要原因。然而，在安全问题得到保证之后，政府与教育部门就要考虑不断增加的体育活动对开放场地提出的更高要求了。对于体育部门来说，由于资金与土地资源有限，所以不可能不断修建足球场地。足球场地的标准占地面积大约是 7 140 平方米，5 人制或 7 人制的标准足球场大约需要 968 平方米的占地面积。对这些大面积的足球场地的建设需要投入大量的资金。而且在足球场地建设中还涉及行政审批和基础配套设施建设等一系列的相关问题，这些问题的解决也需要耗费大量的物力、财力和人力,因此校园足球的基础设施建设举步维艰。为解决这一问题,国家相关部门要积极寻求解决的对策与措施,为促进我国校园足球的发展奠定良好的物质基础。

第二节 足球课程教学现状

一、校园足球教学目标现状

教学目标在校园足球教学中扮演着十分重要的角色,因为一切活动的开展都要围绕这一教学目标而展开,这样才能有的放矢。足球教学目标要根据教学的本质和功能、学生身心发展特点及教学实际确定,是足球教师在具体的教学实践中所要遵循的一个教学依据和标准。

据调查发现,当前我国各学校的足球教学目标存在一定的差异,其中主要表现在知识传授、技能培养、发展身体素质和思想教育等四个方面。下面以我国部分高校为例来分析校园足球的教学目标的制订情况(表 2-1)。

表 2-1 我国部分高校足球教学目标对比

学校名称	教学目标			
	认知目标	技能目标	健身目标	思想教育目标
东南大学	学习和掌握足球理论知识	掌握和提高足球技战术水平	全面发展学生的身体素质	培养学生良好的精神意志品质,养成终身体育的习惯
河南大学	了解足球运动基本知识,加强足球安全意识教育	掌握基本的足球裁判法,建立规则意识	树立“健康第一”“终身体育”等教育思想意识,不断提升学生综合素质水平	培养学生顽强的意志品质和集体主义精神

续表

学校名称	教学目标			
	认知目标	技能目标	健身目标	思想教育目标
中国政法大学	了解和掌握足球基本知识，提高学习足球运动的兴趣	学会合理运用足球技战术，提高技战术水平。学习和掌握足球基本规则和裁判法	增强学生的体能素质，如力量、速度、耐力、柔韧性等几个方面	培养学生良好的体育道德品质，树立良好的集体主义精神
武汉理工大学	使学生基本掌握足球专项的理论知识，学会科学锻炼身体的方法	使学生基本掌握足球专项的基本技、战术，并不断提高足球技、战术修养，基本具备足球的竞赛组织及临场裁判工作能力	全面提高学生身体素质，增强体质，培养学生自我锻炼能力	培养学生团结协作精神和勇猛顽强的优良品质，树立正确的体育观，养成终身体育锻炼的好习惯
大连理工大学	足球概况；足球竞赛规则，裁判法	掌握足球基本知识、技战术，培养实践能力	在实践中全面发展大学生身体素质	培养学生吃苦耐劳勇敢顽强的意志品质和集体主义精神，创新意识
天津商业学院	了解并充分运用足球基本规则，参与教学比赛的裁判工作，努力提高足球欣赏水平	掌握足球运动的基本技术，参与足球游戏。按要求参加课外练习	了解并掌握身体锻炼的方法，并能制订自身锻炼计划，促进体能素质的发展和提高	培养学生良好的足球学习兴趣，形成积极参与运动锻炼的意识和习惯

通过以上对我国部分高校足球教学目标的调查，可以发现存在以下几个方面的不足。

（一）教学目标不明确

据调查发现，当前我国大部分学校的足球教学目标不是很明确，这不利于教学计划的制订，制约着校园足球的进一步发展。具体而言，校园足球教学目标的不明确表现在以下两个方面。

一方面，缺乏有关足球教学目标的文字说明，没有明确说明教学结果，导致师生难以展开良好的沟通和交流，教学目标不明确，导致难以有一个统一的标准，教学活动显得比较混乱。

另一方面，对校园足球教学目标缺乏指标性描述，没有根据具体的教学实际指出应采用什么样的标准完成教学活动，导致足球教学的目标失去了指导教学进程的作用。

总的来看，足球教学目标在结构上涉及知识传授、技能培养、身体素质发展和思想教育等几个方面，但在具体的对教学目标的描述中大都缺乏清晰而明确的文字说明，涉及的内容也比较宽泛，这非常不利于校园足球教学的发展。

以校园足球教学中的理论教学为例，足球理论教学主要包括足球运动知识、训练规律和方法、足球竞赛组织与管理、足球规则和裁判法等几个部分。但当前我国大部分学校关于足球理论教学目标的阐述，尤其是在完成教学任务、教学目标等方面的阐述并没有具体、详细的文字说明，足球理论教学目标成为一种教学形式，很多体育教师只是简单机械地向学生灌输基本常识，帮助学生在教学中提高运动技能。往往是利用一两次课的时间就将足球的基本理论一带而过，不能满足学生进一步了解和认识足球运动知识、足球竞赛规则、足球科学锻炼的需求。这不仅不利于高校足球教学工作的进一步开展，也不利于学生足球运动水平的提高，更不利于学校全面素质教育的实现。

（二）教学目标不系统

目前，高校的足球课都属于公共体育课，其教学目标与公共体育课的教学目标保持一致，都是在统一的教学指导思想下组织与开展教学活动。

但据调查发现，我国高校足球教学目标较为单一，涉及的领域较少，绝大多数的校园足球教学目标主要包括足球理论、足球技能两个方面，教学目标体系不够系统和完善。这需要今后加以重视。

首先，在具体的教学实践中，足球教师应系统地教授学生各种足球知识点和相关理论，让学生加深对足球运动的理解，因此，足球教学目标应以一般教学目标为前提，将所有目标都统一在具体的教学目的下，这样才能实现教学目标的完整性与系统性。

其次，在足球教学中，足球知识传授、足球技能传授是最为重要的两个方面，但也不要忽略了思想品质教育，这三者要统一起来。足球知识传授要服务于足球技能传授；学生学习和提高运动技能要建立在足球基本知识基础之上；而思想品质教育则统一于足球教学实践，只有这三者相互配合，才能有效促进学生足球综合素质的提高。

（三）忽视终身体育教育

在现代教育背景下，教学理念也发生了一定的变化。“全面发展学生素质，促进学生健康成长，培养终身体育”成为当前我国学校教育的基本目标，这一总体教学目标符合当前我国体育教学的现状，有助于体育教师更加深刻地认识体育教学对象，能从学生角度出发，制订完善和合理的体育教学目标。

在新的体育教学目标要求下，学校足球教学要将国家的意志、教学理念等与其具体的教学实际相结合，突出足球专项的特点，选择适合学生综合素质发展、终身体育意识养成、专项能力提高等的课程标准作为教学的目标，更好地发挥教学目标对足球教学实践的指导作用。

现阶段我国高校足球教学主要侧重于基础理论的教学和技战术的教学，对学生通过足球运动的学习掌握足球运动的基本技能并将其转化为一种终身体育锻炼的习惯方面的教育不够重视。此外，一些高校为了提高知名度、扩充生源，过分重视竞技教育，忽视学生身心健康的发展，加强高校足球的终身体育教育还需要进一步的贯彻和落实。

二、足球教学方法的发展状况

教学方法是指教师在教学过程中指导学生为达到一定的教学目标所进行的一系列方式、方法、手段和途径的总和。在足球教学中，教学方法是组织教学活动的重要途径，主要分为教师的“教法”和学生的“学法”两种形式。随着学校足球教学的进一步发展，足球教学方法体系也越来越丰富，但仍旧存在着不少问题。

（一）教学方法较为单一

在校园足球教学中，在教学方法方面，主要呈现出以下两个方面的问题。

(1)大学生一般都具备较高的文化素质和独立的意识及个性，对足球教学有着明确的需求。但是，在实际的教学过程中，教师往往只重视足球理论的讲解，忽视了教学法的阐述与应用，学生对教学要求不是很明确，这阻碍着足球教学质量的提高。

(2)每一名大学生都是不同的，他们在身体素质、运动能力、心理素质、智力水平等方面都存在着一定的差异，因此也就有着不同的足球学习需求。但是，在实际的足球教学过程中，教师并没有根据学生的具体实际选择有针对性的教学方法，没有照顾到学生之间的个体差异，导致教学效果不是很好。

针对以上问题，作为一名足球教师，理应以基本技术、技能的传授为主，在选择足球教学方法时，应结合大学生的具体实际展开教学活动。合适的教学方法要能满足大学生足球技术技能的提高和运动水平的提高，能充分调动大学生学习足球运动的积极性，帮助学生建立学习的自信心。

总之，在足球教学中，选择合理的教学方法非常重要，这是取得理想教学效果的保证，如果教学方法选择不当，就会打击学生学习的积极性，不利于教学活动的开展。总体上来看，很长一段时间以来，我国学校体育教师在教学方法的选择上过于单一和呆板，没有针对性，不利于大学生的全面发展。

(二)教学方法较为落后

当前,我国学校足球教学方法相对落后,缺乏一定的创新,这一现状普遍存在于我国校园足球教学中。在这样的情况下,又进而导致出现课堂气氛不活跃,学生学习兴趣不浓,教师欠缺教学热情等问题。

很长一段时间以来,我国校园足球都在使用传统的教学方法施教,在一定程度上忽略了学生的主体作用,学生围着教师转,教师普遍缺乏创新动机。再加上我国现行的教学监督与管理机制对教师的教学动机的创新缺乏帮助,这就严重制约和影响着我国足球教学方法的改革与创新。

目前,我国学校足球教学方法较为落后,这与高校对足球教学的重视程度不够有着一定的关系。受各种因素的限制和影响,有很多先进的教学方法未能被应用于足球教学实践之中。

(1)一般情况下,足球教学很少用到多媒体教室。受传统教学观念和教学意识的支配和影响,与足球等体育课程相比,专选课更加受到校领导和教师的重视,因此在安排多媒体教室时,大部分高校都优先安排专选课的教学,这就造成了在高校足球教学课程中,教师和学生只能采用传统的教学方法进行教学。这一局面需要今后加以改善。

(2)总体来看,现代化的教学方法的历史还不够长,市场上较为成熟和完善的体育教学软件比较有限,作为一名体育教师需要具备独立制作教学课件的能力,而教学课件的制作非常繁琐且需要用到一些专业的软件,而一般来说足球教师的计算机水平相对有限,缺乏一些先进的教学设备的操作技能,因此,为了足球教学活动的顺利进行,教师需要与时俱进,具备利用最新的教学手段进行教学的能力。

(3)目前,很多学校的教师在教学指导思想领域始终无法突破传统的束缚,无法实现对教学过程的创新,这制约着足球教学活动的开展。

(4)一部分足球教师自身缺乏必要的创新动机改进教学方法,因循守旧,难以提升足球教学质量。

(5)一些先进的教学方法会因为高校教学制度和教学条件的制约而无法实施,因此这需要学校相关部门及领导高度重视,加强改革。

大量的实践充分表明,先进的教学方法和手段对教学质量有着重要的影响,不论是对教师教学水平的提升还是对学生学习能力的提升都有很大的帮助。因此在未来的发展中,要不断为先进教学方法的使用创造条件,并促进学校足球教学方法的不断创新。

(三)育人功能不受重视

足球是世界第一运动,本身有着巨大的魅力,要使大学生喜欢上足球,充分领略足球运动带来的巨大魅力,而要想使大学生全身心地投入到足球教学过程中,就需要充分发挥足球运动的育人功能。这一方面在我国各学校中都没有引起高度重视。

足球教学方法的运用受到一定的主客观因素的限制,它与教学目标、教材内容等是紧密联系在一起的。只有它们之间存在的各种问题都得到妥善的解决,教学方法才能发挥最大的功用,实现理想的效果。

目前,我国绝大部分高校都是将足球作为选修课开展,尽管取得了一定的成绩,但总体而言在足球教学理念、足球教学内容和足球教学方法三个层面都存在着一些问题,如高校足球教学思想是以培养大学生的竞技能力为主,在提高大学生身体素质和运动水平的基础上促进大学生的全面发展,但对具体所要达到的目标缺乏详细的说明;高校足球教学内容的选择则显得异常混乱,高校足球教学方法不适应现代化足球教学和训练需要。这具体表现在以下几个方面。

(1)在足球教学中,教师为了完成教学任务,大多会选择利于教学组织、利于发挥自身优势、利于教学管理部门检查、利于教学评价的量化等的教学方法实施教学,很少考虑教学方法是否受学生欢迎,能否激发学生学习的积极性,是否有利于学生的全面发展。

(2)当前我国校园足球教学的定位不清晰,还没有建立一个完备的目标体系,这就导致足球教学改革的指导方向不明确,出现路线问题。一些单纯的改革后的教学方法并不能解决教学过程与结果之间的偏差,这不利于足球教学效果的实现。

(3)总体来看,目前我国学校足球教学评价的考核方式比较落后,无法准确反映出教师教学的有效度,体育教师在发挥足球教学的育人功能方面缺乏理论指导。

三、足球教学内容的发展状况

据调查发现,我国高校足球教学内容大体上包括理论教学和实践教学两个部分(表2-2)。其中,足球理论教学主要包括:足球运动概述、足球运动竞赛规则和足球运动裁判法的介绍、足球基本知识、足球基本技术和足球基本战术的介绍等。足球实践教学主要包括:足球运动的各种踢球技术、运球技术、停球技术、接球技术、头顶球技术,守门员技术;足球个人战术、足球局部战术、足球整体战术;足球运动员的身体素质训练,如速度素质、力量素质以及协调性和柔韧性。

表2-2　我国部分高校足球教学内容对比

学校名称	足球理论教学	足球实践教学	
		足球技术教学	足球战术教学
首都师范大学	足球概况;技战术分类;各位置职责及打法;规则、裁判法;比赛阵型;损伤预防与处理;比赛的组织与编排	颠球,推、拉、拨球;假动作、摆脱、跑位、选位、盯人;踢、停、运球,顶球;掷界外球、抢截球等	踢墙式二过一、回传反切、个人进攻战术、多人配合、局部攻防
中国政法大学	足球发展简史与概论;足球规则及裁判法;足球技战术理论;竞赛的组织编排;足球欣赏	颠球、踩球、踢球、停球、掷界外球、头顶球、运球、射门、抢截球、铲球、假动作,守门员技术	二过一;比赛阵型;不同位置队员的主要职责及相互配合、局部防守战术、定位球攻防战术

续表

学校名称	足球理论教学	足球实践教学	
		足球技术教学	足球战术教学
北京航空航天大学	体育锻炼理论知识;足球基本理论及规则	传接球、运球、头顶球、停球、射门	边路、中路进攻战术,二过一,半场攻防
东南大学	足球运动概述;足球竞赛规则;组织与编排方法	球性、传接球、运球、各部位停球、原地头顶球、定位球踢远、抢截球	个人战术,二人战术
河南大学	足球运动发展概况;奥林匹克运动简介;规则、裁判法;基本知识、技术、战术简介	各种踢球、停球方法,头顶球技术;守门员技术。身体素质,包括快速跑、变速跑、往返跑、纵跳、跨跳、协调性、柔韧素质	个人战术,局部战术,整体战术
武汉理工大学	足球发展概述;足球技、战术分析;足球竞赛组织;规则与裁判法;足球欣赏	球性如颠球、踢球、停球、运球、头顶球、抢截球、铲球,合理冲撞、掷界外球、假动作;守门员技术;身体素质	摆脱与接应,二过一,边路进攻、中路进攻,造越位、反越位;定位球
大连理工大学	足球发展概况;规则;进攻和防守的理念	踢、停、运、传、控球技术;专项身体素质;裁判法	两、三人的攻防配合,整体攻防战术

通过对上表的分析,可以看出我国高校足球教学内容呈现出以下特点和问题。

(一)教学内容目的性不强

学校足球理论教学是为了让学生了解足球相关知识,学习和提高足球技能。当前我国大部分学校的足球教学都能涉及这些知识,内容比较丰富,但目的性不强,足球教学流于形式,大学生不能很好地将理论应用于实践之中。

(二)教学内容缺乏趣味性

教学内容是学生学习的重要载体,因此足球教师一定要选择和设计富有趣味性的能激发学生学习积极性的足球内容。但目前我国高校足球教学内容的专业性较强,健身性和娱乐性不够。大部分内容主要是足球基本技术和战术教学,很少涉及足球运动的竞赛组织、游戏练习等方面内容。这对于学生积极性的激发是非常不利的。

(1)教师所选择的足球教学内容不利于学生终身体育意识的养成。

(2)教师所选择的足球教学内容古板陈旧,涉及的新知识较少,学生难以产生兴趣。

(3)教师所选择的足球教学内容缺乏创新,很多新的内容没有被纳入教学范围。

总之,总体而言,我国大部分学校的足球教学内容都比较呆板和无趣,长此以往,学生就会失去学习足球的兴趣,积极性受到极大的打击,这一点需要引起高度重视。

(三)教学内容顺序不合理

在学校足球教学中,足球教师通常都是遵循教科书章节的顺序组织与开展教学活动,一般按照技术—战术的顺序进行教学,技战术教学内容截然分开。这一教学安排是不合理的。

遵循教科书组织学校足球教学体现了足球教学内容从易到难、从简单到复杂进行教授的合理性,但这种教学安排也有一定的弊端。

第一,这种教学内容的安排无法很好地体现教学内容之间的内在联系,也不能体现足球战术对技术的具体要求,更不能体现足球真正的比赛情景,将学习与比赛完全割裂开来,不能很好地提高学生的足球运动水平。

第二,足球运动技战术分开安排教学的形式,会导致二者失去连续性和系统性，学生在学习的过程中很难体验到足球运动的乐趣，学习的积极性受到打击，会影响足球学习的效率，不利于教学质量的提高。

（四）教学内容与教学组织不配套

足球技术的教学与训练是高校足球教学内容最主要的组成部分。其目的在于通过足球教学促进大学生理解和掌握各项足球技术，让学生投入到足球运动中，并将足球运动作为一种终身的体育锻炼方法。

总的来说，现代足球的技战术应用是适用于专业足球运动员的。在竞争性激烈的现代足球比赛中，足球技战术是足球运动员参与比赛、赢取比赛胜利的运动基础。将足球运动员在比赛中常用的技术动作演变成不同身体部位的踢球技术、运球技术、停球技术、铲球技术、头顶球技术以及个人战术、局部战术、集体战术等，是为了更好地提高学校学生的技术水平，便于组织训练。

在足球运动教学中，足球教学课时安排较少，往往一周只有一次教学课，而足球训练课时安排较多，大学生甚至可以每天进行足球训练。

因此，将为满足专业足球运动员训练需要而产生的各种足球技战术放在高校足球课堂教学中实施，二者并不配套。但当前我国高校中的体育教师很少将运动员所使用的足球技术进行再加工，而是直接拿来用于高校足球教学实践，不符合我国高校足球教学的基本要求，也不利于大学生对足球运动技战术的学习、掌握和利用。

（五）教学内容与教学对象不相符

在现代足球训练实践中，足球训练的对象是专业的足球运动员，他们参加的是职业化的竞技足球，大多数都是经过了长年的训练，其身心条件已经适应对足球技术的学习。但如果出现新的技战术，他们也需要进行刻苦的学习和训练才能逐渐熟练和掌握。

在学校足球教学实践中，足球教学的对象是非体育专业的大学生。对大多数学生来说，对于足球技术的学习和掌握，他们在身心两方面都不可能随时做好充分的准备，再加上足球运动本身的技战术比较复杂，将其直接拿来当作教学内容，对大学生学习和掌握足球技术非常不利。

四、足球教学评价的发展状况

（一）教学评价方式落后

目前，我国高校足球教学普遍采用的评价方式具体如下所述。

（1）在足球教学课程结束时，选择一两项足球技术作为考试的内容，教师依据学生的具体情况打出相应的分数。

（2）足球教师结合学生在平时教学过程中的出勤情况、课堂表现给出相应的印象分。

（3）将考试分数和印象分相加，作为大学生学习足球过程的最终评定结果。

这种情况下，这种简单的教学评价方式存在着很大的主观性和随意性，不能很好地反映大学生的足球学习情况，不足以全面评价学生在整个教学过程中的表现，不能将其作为评价教学效果的衡量标准。

（二）教学评价结果不公平

当前，我国校园足球教学评价存在着一些问题，在一定程度上影响着教学质量的提升，这突出体现在评价结果不公平上。

1. 师生间的不公平

现有的足球教学评价方式，学生的考试只测试学生的技术掌握情况，并不能对教学活动情况做出客观、公正的检验，不能评价教师的教学能力。

2. 学生间的不公平

当前的足球教学评价方式比较单一，仅仅选出一两项技能作为考核欠缺全面性。如有些学生很可能在足球教学开展前就已经达到了测试的优秀标准，而不是教师教学的结果；有些学生可能从来就没有参加足球活动，但却能在两项技术考试中获得高分；有些学生本身对足球的学习很优秀，但不擅长教师所选定的考试内容，导致分数不高。这种不公平的评价方式严重打击了学生学习足球的积极性。

3. 教师间的不公平

当前，我国高校的足球教学采用的是各教师分班级授课的方式，不同大学生的足球基础存在较大的差异，因此教学评价结果无法使教师在同一水平线上进行比较，上述评价方法测定的考试结果不能客观反映不同教师之间的教学差距。

总之，目前我国高校足球教学评价结果的不公平性使得评价结果不能真实地反映教师教的效果和学生学的效果，不利于从整体上调动学生学习足球运动的积极性和主动性。

(三)教学评价无法检验育人效果

由于足球教学评价方式的落后，学校足球教学评价无法起到检验育人成果的作用，这主要体现在以下几个方面。

(1)在现有的高校足球教学效果评价中，教学评价体系忽视教学过程，忽视学生学习目标和兴趣，忽视学生的运动特长，评价内容不严谨。

(2)在现行的高校足球教学效果评价中，评价内容单一，评价形式简单，不利于学生终身体育意识的形成和优秀意志品质的养成，评价机制不健全。

大量的事实表明，学校足球教学评价不能仅仅局限于对现象的客观描述和对事实的判断，其重点应放在价值判断上，要把传统的量化评价与质性评价有机结合在一起，这样才能得出相对准确的评价结果。我国当前学校足球教学评价主要由运动技能单一型评价向综合体育素质评价转化，由终结式评价向过程式评价转化，由绝对性评价向个体相对性评价转化，促进评价的多元化。这种多元化的评价方式对于教学质量的提高是非常有利的。

五、校园足球教学该如何发展

(一)要结合实际科学制订足球教学课程目标

足球教学课程目标的制订涉及很多方面的问题，如教学内容、教学方法、教学组织、教学质量等方面。因此，校园足球运动的教学目标应为：通过开展足球教学实践，使学生掌握身体锻炼的足球知识、手段、方法，而且能够在掌握知识中获取快乐，调节心情，促进自身足球运动素质的提高。科学制订足球教学目标有利于我们有的放矢地组织教学活动，从而促进校园足球的健康发展。

(二)要不断完善教学理论与方法

要不断完善足球教学理论与方法，需要我们吸收与借鉴其他足球强国的先进经验。足球教师在教学活动的过程中，要学会合理利用国外的先进教学思想理论与方法，并时刻考核这些教学方法的作用，考核其是否适合我国校园足球教学的实际。足球教师可以结合我国的具体教学实际对这些教学方法加以改造，这样有利于足球教学新的教学思想方法体系的形成与发展。

足球教师要善于引导学生充分发挥自己的主观能动性，要多鼓励学生积极参与足球教学活动，培养其探索意识，促进其思考水平的不断提高。足球教师在对足球技术动作进行讲解时，首先应该将动作要点传输给学生，使学生在大脑中形成动作定型，然后教师正确示范这一技术动作，使学生一边复述动作一边练习，这样有利于取得理想的教学效果。

除此之外，足球教师还要多设计一些足球游戏，并与跟足球比赛相近的练习相结合，提升学生学习足球的重要性，这样能促进学生运用技术能力的提高，将学生的理论知识转化为实战，促进其足球实战能力的提高；在技术练习中，也要尽可能地与对抗及比赛相结合，如此不仅能够促进学生学习积极性的提高，而且能培养其改正错误的能力。

（三）要培养学生积极参与足球教学活动的意识

俗话说，兴趣是最好的老师，激发学生学习足球兴趣是教师的重要任务之一。发展到现在，校园中学生的个性越来越强，因此在足球教学中，教师要适当增加娱乐性的足球教学内容，激发学生学习的兴趣。只有足球运动形式与学生学习足球的需求相适应与符合时，才能提高学生足球运动的参与意识。在此基础上，才能提高足球教学的质量和效果。

（四）要加强足球教学内容的选编工作

在足球运动的教学中，教材的选择非常重要。要充分考虑两个方面：一方面是能够促进学生基本足球理论知识和运动技能的提高，促进学生养成自觉锻炼身体的习惯；另一方面是要与学生的身心发展相适应，与学生的运动兴趣相符，满足其体育需要。

总的来说，主要考虑以下因素。

(1)选择的足球教学内容要具有代表性，选择比较简单的足球动作结构和方法，这样便于学生对足球知识与技能的掌握与运用，同时要注重所选内容的实用价值。

(2)要将足球比赛规则、裁判法、竞赛的组织与编排、足球发展历史以及足球运动中出现的损伤与疾病等内容列入足球教学内容体系中。

(3)对教学内容的选择要注意其要有利于今后的学习,有利于学生足球素养的提高,有利于学生足球技战术的掌握,有利于学生身心的健康发展,有利于学生学习与参与足球运动兴趣的提高。

(五)要采用多样化的教学评价方式

当前我国大部分学校足球教学采用的评价方法是:在所有足球技术中选择一两项作为考试内容,以学生对这两项技术运用的实际情况为依据,为学生打分;然后综合学生的出勤、课堂表现等做出评价,这种评价方式比较简单,缺乏科学性,没有结合绝对评价、相对评价、终结性评价以及过程性评价等有效方式。足球教学考核标准发展的趋势是注重评价学生的学习过程。具体评价内容包括学生在学习过程中的出勤情况与课堂表现等,然后结合足球教学大纲所要求的主观评价和客观评价进行综合评价。这样的评价方式才是科学和合理的,才能有利于校园足球教学的发展。

第三节　足球师资力量现状

足球师资力量建设对于校园足球教学的发展具有非常重要的意义,与以往相比,近些年来我国加强了校园足球的建设,出台了一系列有利于校园足球发展的文件,这对于我国校园足球的发展具有极大的推动作用。

目前,我国在一些校园足球布局城市进行了一些尝试。与一般的城市相比,这些校园足球布局城市的足球氛围明显要更好,基础设施更为完备,同时也受到校领导的高度重视,这些校园足球布局城市的足球运动发展前景非常好。从 2013 年以来,这些校园足球布局城市的发展取得了一定的成绩,但总体上来看仍然存在不少问题,这些问题突出体现在:社会各方面及学生、家长都没有认识到校园足球的重要性;校园足球基础设施建设较为落后;校园足球组织与竞赛活动不足;校园足球人才比较匮乏等,这些都严重制约着我国校园足球的发展。

近些年来,我国加强了校园足球的建设与发展,中小学校园足球轰轰烈烈开展起来。在足球师资力量方面,各学校也加大了足球师资的培养力度,涌现出了一大批高素质的足球教师,心甘情愿地为校园足球运动的开展贡献自己的力量,这对于我国校园足球的长远发展是非常有利的。

总体上来看,与国外足球强国相比,我国的校园足球起步较晚,在各方面都存在不足,尤其是师资力量方面较为欠缺,并且大多数足球教师都欠缺一定的专业性,专业素质参差不齐。有一部分学校由于没有完善的足球师资队伍,足球活动的开展就受到极大的限制,因此在未来几年继续加大校园足球师资力量的建设至关重要。

某种程度上而言,足球教师直接影响和决定着校园足球开展的效果。要想促进校园足球的可持续发展,必须要高度重视师资力量的建设,可以从以下方面进行。

一、师资来源渠道

随着足球运动在我国校园中的普及,喜欢并且参与足球运动的学生也越来越多。在这样的情况下,就需要加强校园足球各方面的建设,如基础设施、资金投入、师资力量建设等,其中师资力量建设是最为重要的一方面。很多学校都比较缺乏高质量的足球师资,他们在选拔与聘任足球教师时往往缺乏严格的评选标准,不能很好地结合学校实际进行,这对校园足球的发展造成了不利的影响。

目前来看,我国校园足球的师资主要来源于以下三个渠道。

(一)来源于体育院校和师范类体育专业

据调查统计,我国大部分中小学的足球师资队伍很大一部分来自体育院校和师范类体育专业。这些足球教师在大学或研究生期间,通常参加过大量的足球训练与竞赛活动,积累了丰富的实践经验,通常都拥有较高的技术水平。这些学校也以促进其足球技战术水平的提高为目的精心培养他们,这主要从以下两个方面得到体现。

一方面,这部分足球教师在大学期间接受了丰富的足球理论知识教育,具备了较高的足球文化素养。

另一方面,学校向其传授足球教学方法、模式、心理教育方面的理论与实践知识,并且为其提供教师资格的培训与考试方面的内容,以使其毕业之后能具备一名合格足球教师所应有的基本素质。

然而,需要注意的是,在我国校园足球布点学校中,有很大一部分尽管对单独的足球教师进行了设置,然而有很多足球教师并非是足球专业出身,也有大量的其他体育教师担任足球教师。而且大部分的足球兼任教师并没有受到过专业的足球培训,其所掌握的足球知识与技战术水平都是不专业的,甚至有一部分所谓的足球教师都没有掌握足球的基本知识,担任足球教师之后才开始有意识地学习足球,真正接受过足球专业培训的教师很少。

(二)来源于足球俱乐部的教练员或运动员

来源于足球俱乐部的教练员或退役运动员的足球师资是学校主动聘请而来的,让他们负责学校的足球训练与比赛指导工作。这一部分师资的足球技战术水平较高,而且比赛经验也很丰富。他们在促进学生足球技能水平提高的过程中,充分运用了自身丰富的足球训练与比赛经验,这有利于学生向优秀足球运动员的发展。

目前,我国很多学校都比较重视俱乐部教练员与退役运动员的聘任,而且一些高校也都愿意将自己的师资培养理念贯彻到足球教学中。但总体上来看,退役运动员和教练员的师资资源目前还是比较稀少的，而且这部分师资大都出现在一些具有优秀足球传统文化的学校，其他学校中很少，甚至没有。这需要今后学校加强这部分师资力量的引进和培养。

（三）来源于高校足球队或相关体育专业的学生

与第一类师资相比，学校足球队的运动员和相关体育专业的学生，长期参加足球运动训练和各式各样的比赛，掌握了全面的足球技巧，对足球战术策略也理解得比较透彻；而且通过比赛他们也获得了丰富的比赛经验。此外，他们也十分注意足球训练技巧的锻炼，不断尝试革新训练方法，能充分发挥自己的聪明才智去解决问题。与体育教育专业的学生相比，他们所掌握的足球理论知识与实践技能水平通常都比较高，因此这部分师资在中小学中占据着十分重要的地位。但需要注意的是，这部分师资通常文化水平较低，并且也没有一定的足球资格证书，致使一些运动水平较高的运动员无法成为足球教师。

二、师资的年龄

足球教师的教学经验非常重要，这是足球教学质量提高的重要保证。一般情况下，教学经验丰富的足球教师年龄比较大，他们能很快了解学生的特征、运动基础和学习特点，从而根据这些实际情况选择合理的教学手段与方法。但需要注意的是，年龄较大的足球教师也有一些缺陷，如他们参加的实践活动较少，缺乏最新的足球技巧；与学生的沟通与交流可能不足，彼此会产生距离感，这不利于足球教学质量的提高。

年龄较小的足球教师主要来源于即将毕业或刚刚毕业的大学生或研究生。这部分师资大都接受过专业的足球教育，长期参加足球训练或竞赛，普遍拥有较高的技战术水平，而且也有丰富的实战经验。他们由于与学生的年龄差距不是很大，因此与学生之间的隔阂与代沟较少，能很容易地与学生进行沟通与交流，从而能有效提升教学的效率。但这部分师资力量也存在一定的缺陷,他们普遍缺少丰富的教学经验,没有充分认识到足球运动的特点,不能很好地结合学生的具体实际选择合适的教学内容与方法。

综上所述,要想加强校园足球师资力量建设,就需要在今后不断完善足球师资的年龄结构,弥补足球教师的缺陷,同时这部分足球师资还能有效传承学校的足球教学理念,能有效推动校园足球不断向前发展。总之,目前我国校园足球还处于初步发展阶段,足球师资队伍还需要进一步完善。

三、师资的学历

足球教师的学历水平也在一定程度上影响着足球教学的质量,因此学历也是足球教师综合素质的重要标准之一。足球教师的受教育程度、专业水平、科研能力等都能够在一定程度上通过其学历体现出来。因此,具有合理的学历结构对于建立良好的师资队伍非常关键,在足球科研工作中,要取得良好的科研成果,也必须要有一定的师资学历结构做保证。目前,校园足球活动在我国很多学校得到了大力的推广与发展,受到学校领导的高度重视,校园足球布局城市的中小学的足球师资不断增长,呈现出良好的发展趋势。但尽管如此,我国与足球强国的校园足球相比仍旧存在着较大的差距,因此还需要今后加大发展的力度。

据调查统计,我国大部分的中小学足球教师的学历还是令人比较满意的,大部分都在本科以上,他们大都来自体育学院和师范类体育专业,这一部分足球师资与足球专业运动员相比有着一定的优势,如足球知识结构比较完善、文化素质相对较高等。但是也有一部分足球教师没有接受过专业的足球训练,理论与实践的结合不足,不利于足球教学课程的开展。另外,一些足球水平较高的教师学历又比较低,欠缺必要的教学与科研能力,这也制约着校园足球的发展。

四、师资的职称

职称也是衡量一个教师教学水平的重要标准之一。可以说，职称结构在一定程度上影响着足球教师的教学水平。足球理论知识水平和科研能力能够通过其职称结构反映出来；足球教师将足球教学实践与经验向足球理论知识转化的能力也能够通过其职称结构反映出来，足球教师运用足球理论知识对足球训练实践进行指导的能力同样可以通过其职称结构有所反映。因此，学校足球师资队伍的职称结构能够综合表现整个足球师资的专业素养与教学能力。

目前来看，我国学校足球教师的职称结构还处于一个低级发展阶段，初级职称的师资所占的比例较大，取得中高级职称的教师不足10%，所占的比例较小。导致这一局面的原因在于许多学校的领导没有充分认识到足球运动的重要性，只重视文化课考试和升学率，足球课基本处于被荒废的局面。因此，在评定教师的职称时，通常主要考虑文化课教师，足球师资的职称总是处于较低水平。足球教师职称结构的不合理在一定程度上打击了教师的积极性，不利于教学工作的正常开展。

据调查，在我国学校足球师资的职称评定中取得职称的年轻教师很少，主要是因为年轻教师的执教时间较短，因此很难对其进行职称评定。在教师看来，职称是十分重要的，职称在一定程度上决定着教师的未来发展，职称高低对教师的生活水平和生活质量也产生极为重要的影响。倘若学校不能保证足球教师的基本生活，教师在足球教学中的积极性就会受到不良影响。因此学校要将足球教师职称评定重视起来，善于挖掘中青年足球师资，对优秀的足球教师进行重点培养，激发足球教师工作的积极性与主动性。

五、师资的理论等级

在学校足球高水平运动队的训练中，足球教练员的训练水平和训练能力能从等级中有所反映，它是评价教练员专业能力的一个重要指标。一名具有良好的训练能力的教练员能很好地组织与管理足球训练活动，能保证高质量地完成训练任务。

通过对校园足球教师或教练员等级的调查，发现绝大部分的足球教师都没有获得职业级和A级职称，获得这一职称的足球教练员通常只负责成年队的训练工作，很少负责青少年的足球训练活动。在校园足球师资队伍中，没有获得任何足球教练员资格证书的占绝大多数，他们大多来自于高校的毕业生。

六、师资的专业等级

青少年是校园足球教师所面对的教授对象，教师需要在具体的实践中指导学生完成各种足球技术动作的训练。足球教师要运用通俗易懂的语言，使学生在轻松愉快的环境下掌握技术动作，这就要求足球教师必须要具备出色的足球运动能力。

足球教师的足球素养与能力在相当程度上是从其足球运动等级反映出来的，对足球教师执教水平进行衡量的指标中，运动等级是其中之一。

据调查发现，我国绝大部分的学校足球师资的运动等级普遍较低，甚至一些足球教师没有任何运动等级，其教学水平不是很理想，难以令学生满意。由此可见，在未来的发展中，学校部门要督促足球教师不断提高自己的业务学习能力，对足球教师的技术能力进行重点培养，促进其运动等级的不断提高，使其具备足球专项教师应有的足球素养。

第三章　校园足球课程建设的科学理论基础

校园足球课程建设要以科学理论为指导，不能盲目而随意地设计与开展课程。坚持科学理论的指导能够为校园足球课程建设提供思维框架、理论依据以及方法原理，从而有助于提高校园足球课程建设的科学性、有效性，推动校园足球的科学发展。本章主要就校园足球课程建设的体育学基础、哲学基础、美学基础及教育学基础展开详细分析。

第一节　体育学基础

体育学这门学科主要对体育科学体系及体育科学的发展进行研究。它高度概括与总结了体育领域的相关原理，对体育各领域的发展具有重要的指导意义。对体育学相关理论加以探索与分析，并了解这一学科与校园足球课程的关系，有助于为开展校园足球课程建设工作提供科学的理论指导与方法原理。

一、体育学相关理论

运动学、体能训练学、动作发展理论等体育学相关理论对学生的体育学习具有重要影响，也对校园足球课程建设具有重要指导意义。下面重点就运动学理论、动作发展理论进行分析。

(一)运动学理论

1. 人体运动系统的构成

(1)肌肉

肌细胞是肌肉的重要组成要素,也是肌肉的基本功能单位,由于肌细胞形状细长,所以也被称为肌纤维。骨骼肌是肌肉的重要形式之一,在人体内分布广,数量多,是人体运动系统的主体构成部分,骨骼肌的分布如图 3-1 所示。

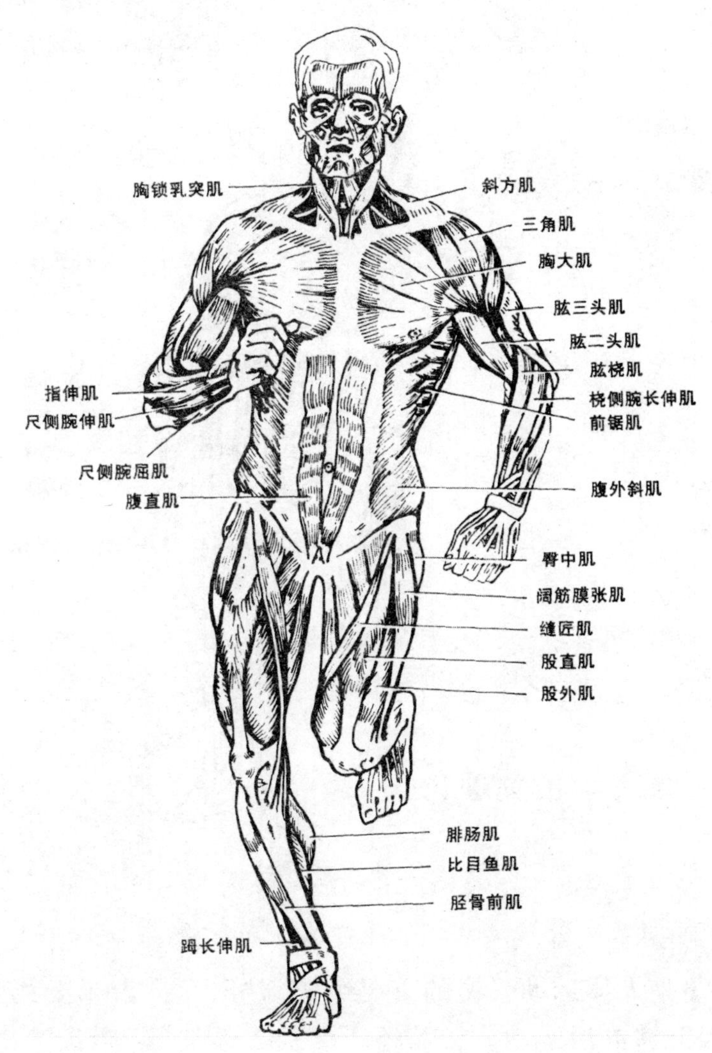

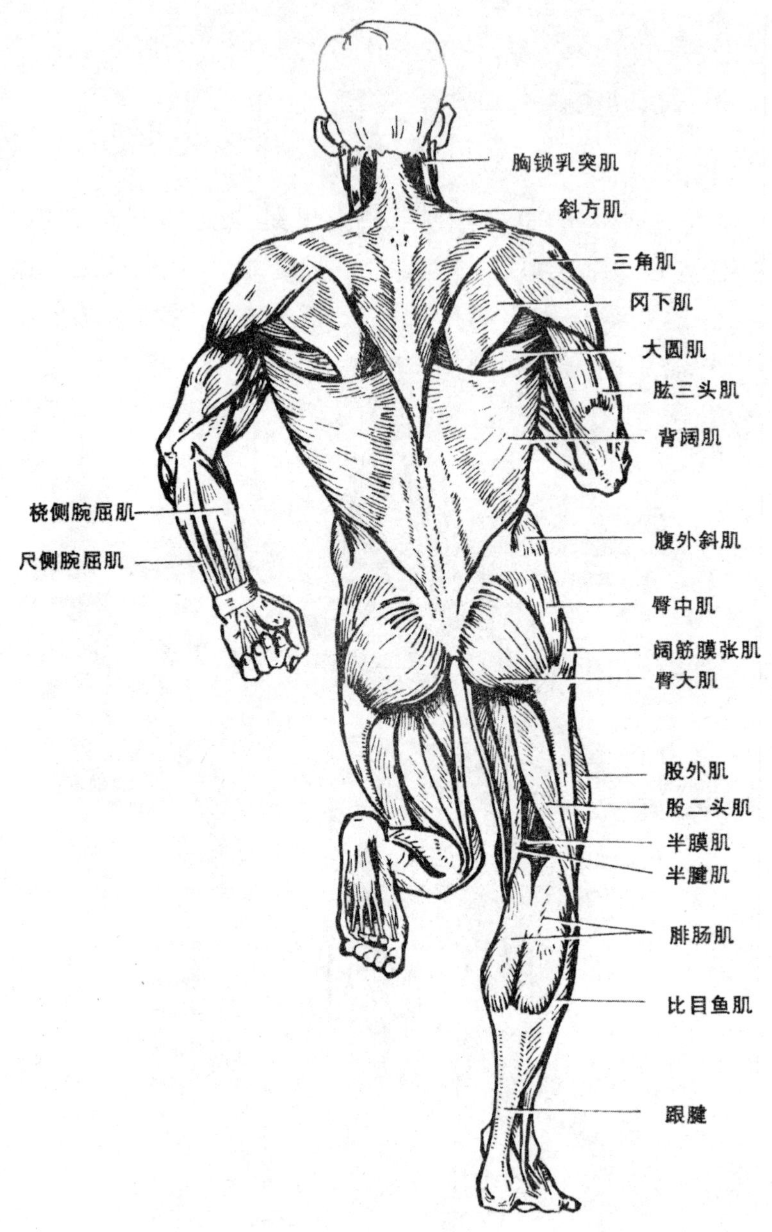

图 3-1

(2)骨骼

骨骼是人体运动系统的重要组成部分,发挥着重要的杠杆作用,使人能够灵活运动。骨骼还能保护人体器官,储备微量元素,同时还能支撑身体，这些都是骨的重要作用。

骨的分类方法比较多，一般按照骨的分布，将其分为四肢骨和中轴骨两大类，如图 3-2 所示。

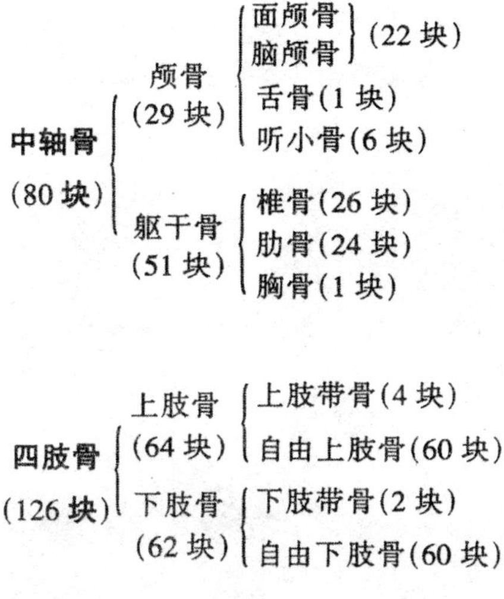

图 3-2

(3)关节

关节是骨与骨之间的连接，主要作用是连接人体骨骼、支撑并保护人体等。关节能够在有效稳定骨骼的同时使骨骼保持一定的灵活性，人体所有运动都是通过关节的活动实现的。各关节的常见活动形式如图 3-3 所示。

2. 人体的适应能力

学生参加足球技能学习与训练的过程实际上是机体不断适应外界环境变化的过程。在学习与训练过程中，学生身体器官系统受到刺激而发生适应性变化，包括肌肉、骨骼、心肺功能等方面的变化。

在校园足球课程建设中，学生学习与掌握足球技战术需要经历一个循序渐进的适应过程，体育教师要根据学生的适应能力来安排教学内容，循序渐进增加难度与运动量，不断提高学生的适应能力，使学生一步步掌握足球技能。

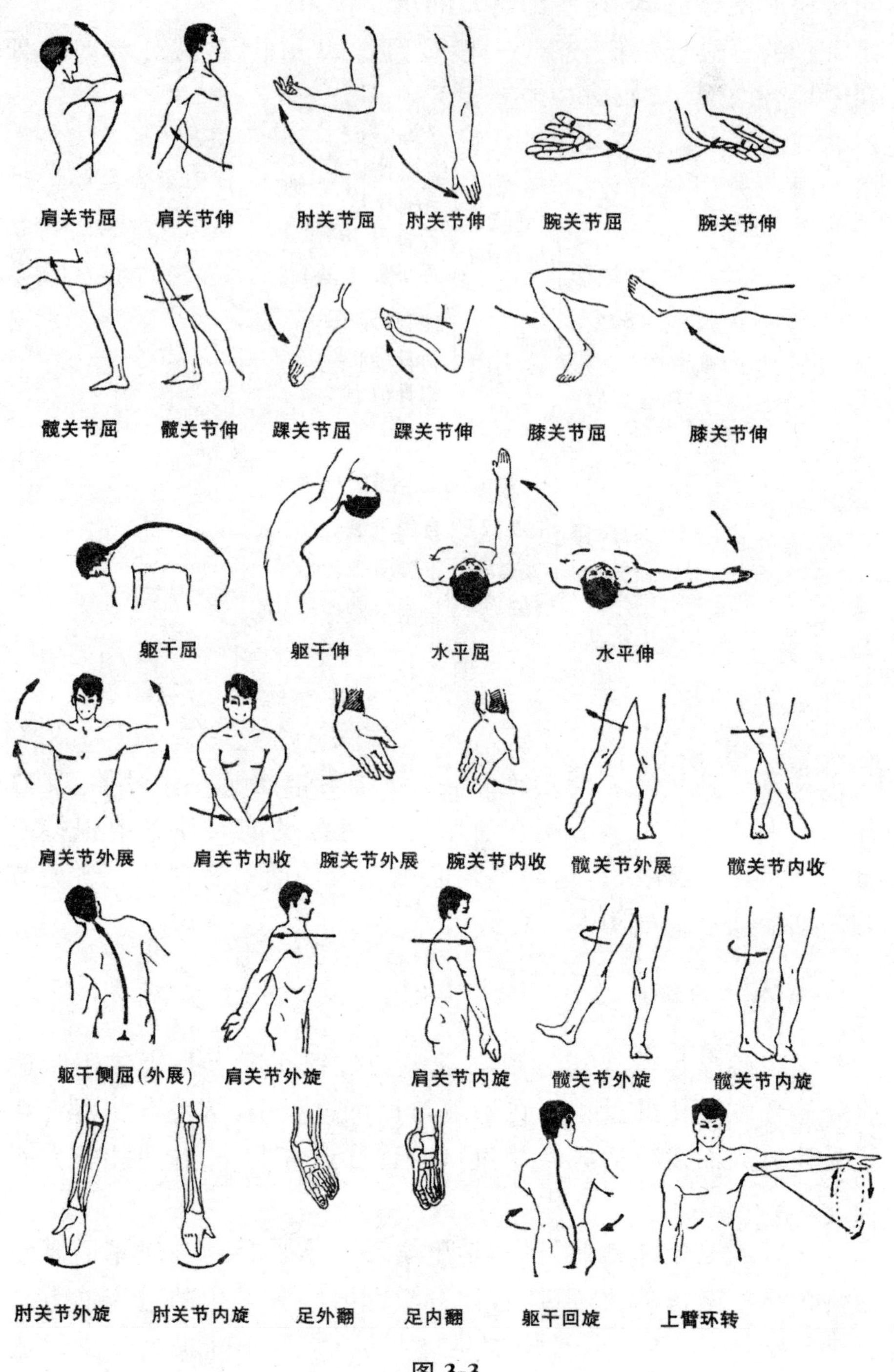
肩关节屈
肩关节伸
肘关节屈
肘关节伸
腕关节屈
腕关节伸
髋关节屈
髋关节伸
踝关节屈
踝关节伸
膝关节屈
膝关节伸
躯干屈
躯干伸
水平屈
水平伸
肩关节外展
肩关节内收
腕关节外展
腕关节内收
髋关节外展
髋关节内收
躯干侧屈(外展)
肩关节外旋
肩关节内旋
髋关节外旋
髋关节内旋
肘关节外旋
肘关节内旋
足外翻
足内翻
躯干回旋
上臂环转

图 3-3

(二)动作发展理论

体育是以身体运动为基本手段而促进体质增强的文化活动，这是体育本身特有的性质，也就是体育的根本属性，是其不同于其他事物的本质。体育的这一本质主要体现在体育的功能价值中。通过分析体育的功能，能够对体育的本质有清晰的认识，从而理解体育的特殊性。按照不同的层次，可以将体育的功能划分为自然质功能、结构质功能以及系统质功能三种类型。其中最基本的功能是自然质功能，具体指的是体育的强身健体功能，即通过身体练习促进人身体与心理的健康发展。体育课程是以体育与健康知识、技能和方法为主要学习内容，以身体练习为主要手段，以促进学生身心健康为主要目的的课程。这是体育课程的性质，在体育课程标准中已被明确提出。身体练习是体育最本质的基础，而动作是身体练习的核心。体育课程中就设有专门的“运动技能”学习领域。

体育运动项目的技术都是由一连串的动作按一定的规律组合而成的，如果学生不重视学习基础动作，不仅掌握不了运动技能，而且也会影响身体健康发展。运动技能的形成与发展是循序渐进的，具有阶段性特征，在形成发展的整个过程中主要经历五个不同的阶段，分别是基本动作模式阶段、基本运动能力阶段、基本生活和运动能力阶段、运动专门技能阶段以及技能表现阶段，这几个阶段是连续的，如图 3-4 所示。

根据动作的形成与发展过程，体育教师在校园足球课程的设计与实施中，要考虑教学对象的年龄、性别、运动基础及学习能力，要根据教学对象的实际情况进行设计，体现课程建设的针对性与“因材施教”。对不同年龄段的学生进行运动技能教学，要有不同的侧重，如图 3-5 所示。

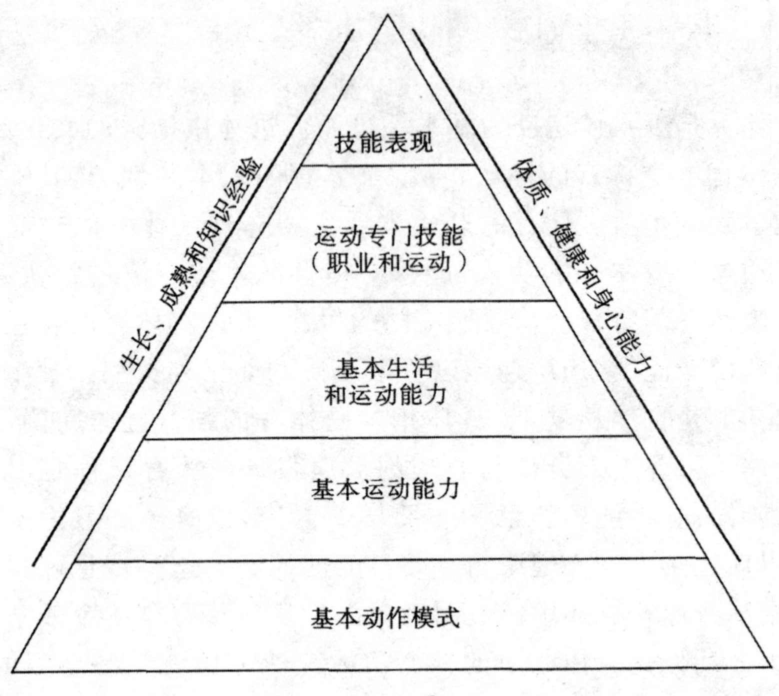

图 3-4①

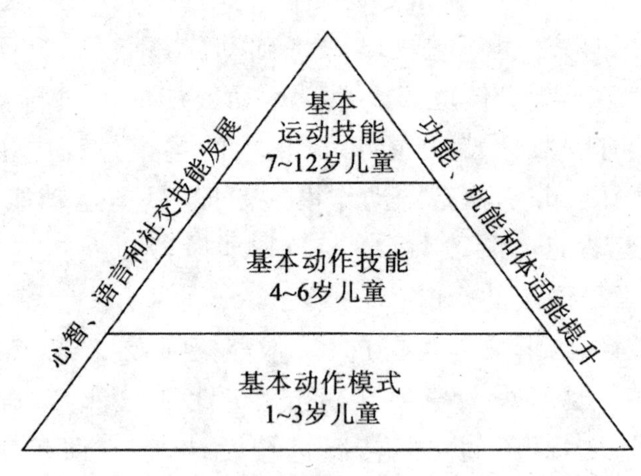

图 3-5

① 周毅．校园足球课程构建导论[M]．广州：广东高等教育出版社，2019：57.

体育教师还应该清楚一点，运动技能发展过程中经历的每个阶段都是密切衔接的，各阶段之间存在逻辑关系。掌握动作模式与动作技能是形成与熟练掌握运动技能的基础，顺序如图 3-6 所示。所以要先学习动作模式，也就是身体的基本活动方式，如走、跑、跳、抛等；然后再学习动作技能，高质量地完成动作；最后熟练运用连续的动作，形成运动技能。

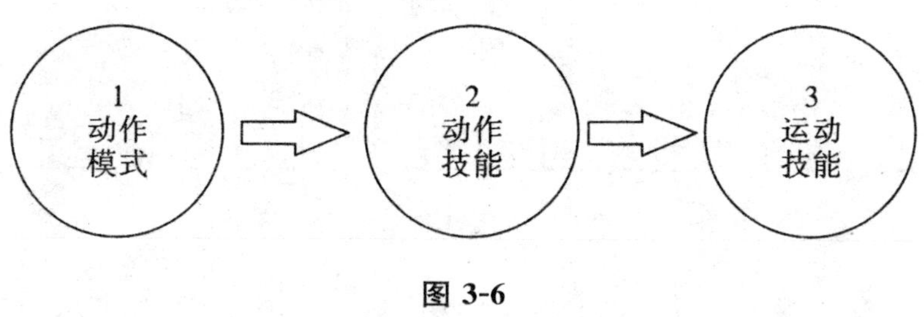

图 3-6

耿培新等学者从健康促进和终身体育的角度对人类不同生命阶段（婴儿期、儿童少年期、青年和成人期、老年期）的动作发展规律进行探索，并对影响不同生命阶段动作发展的因素重点进行研究，从而使人更加科学与全面地认识人类动作的发展进程，重点是让体育工作者和教育工作者正确理解人类动作发展与体育的关系，以便在从事体育教育工作时可以依据动作发展的客观规律科学引导学生对动作技能的掌握，促进学生身心健康，增强学生的终身体育意识，提高学生的终身体育能力。体育教师也可以将动作发展的规律作为诊断学生动作发展水平的客观依据，明确提出不同阶段的学生动作应达到怎样的水平，从而使学生更有目的地去学习动作，这对于提高学生的体育学习成果具有重要意义。

二、体育学与校园足球课程建设

足球是学校体育项目的重要组成部分，也是体育学科教学的主要内容之一。体育学理论能够为校园足球课程建设提供重要的理论依据与指导，具体如图 3-7 所示。

动作模式	生长发育	技能形成	体育教学	足球运动
人类动作发展规律，人类运动技能发展模式	学生身心发展规律，认知、情感和动作技能的阶段性与整体性	运动技能形成的规律，动作技能引领的理念，健全人格的不可替代性	由简到繁/身体承受运动负荷的刺激与适应，学习的内隐性与体悟、动商的一致性	最完善的运动项目，最难学习的运动项目

图 3-7

人类身体活动最基本的结构单位就是动作，人类日常生活中的一系列活动都是由各种各样的动作构成的。在校园足球课程建设中，必须以体育学科的特有规律为基础，使校园足球课程与体育的本质保持一致，如此才能设计出符合学生身心特征、对学生身心健康有益及适合学生学习的足球课程。此外，体育学科还有很多丰富的理论，如技能形成规律、体育教学原理等，体育教师应不断学习这些相关理论，从而在足球课程建设中将这些理论融入其中，为课程设计与实施提供便利，提高课程建设的科学性。

第二节　哲学基础

哲学为人们认识世界的基本问题提供了指引，为人们思考和探索问题提供了基本思路和方法论，也为人类的生活指明了方向。不同的哲学思想在不同角度、不同层面及不同程度上影响了教育的发展，教育决策在很大程度上是由教育哲学所决定的。整理与分析哲学理论及教育哲学思想，能够给教育工作者带来重要的启示。本节主要就传统哲学理论、教育哲学理论及哲学与校园足球课程建设的关系进行分析。

一、传统哲学理论

具体代表性的传统哲学理论见表3-1。

表3-1　常见的传统哲学理论①

哲学	现实	知识	价值	教师的角色	学习的重点	课程的重点
唯心论	精神的、道德的或智力的；不变的	反思潜在观念	绝对的和永恒的	将潜在知识和观念带到意识层面；做道德和精神导师	回忆知识和观念；抽象思维是最高形式	以知识为基础；以科目为基础；古典或人文艺术；科目的等级制度；哲学、神学和数学最为重要
实在论	基于自然法则；客观的并由物质构成	由感觉和抽象组成	抽象的、永恒的；基于自然法则	培养理性思维；做道德和精神导师；扮演权威	训练思维；逻辑和抽象思维是最高形式	以知识为基础；以科目为基础；科目的等级制度；人文课程和科学课程
实用主义	个人和环境相互作用；变动不居	基于经验；使用科学方法	依情境而定、相对的；服从于变化和验证	培育批判性思维和科学过程	处理永恒变化的方法；做出科学解释	没有永恒的知识或科目；占有承上启下、传递文化并为个人应对变化做准备的经验
存在主义	主观的	个人选择的知识	自由选择的；基于个人感觉	培养个人选择和个人自我定义	有关人类情况的知识和原则；经过选择的行动	科目材料、选修课的选择；情感的、美学的和哲学的科目

① 周毅．校园足球课程构建导论[M]．广州：广东高等教育出版社，2019：47．

(一)唯心论

倡导唯心论的学者认为,学习是一个思想过程,在这个过程中首先要唤起观念,然后以观念行事。概念与观念密切关联的课程很受唯心论者的偏爱。此外,唯心论教育工作者还认为,作为人类文化传统的一部分,以博学原则为基础的课程具有鲜明的等级制。

(二)实在论

倡导实在论的哲学家认识世界的角度主要是"对象和物质"。他们认为,人们要了解世界,就要动用自己的感觉,用理性思维认识世界。自然是万物的主要来源,来源于自然的万物对自然法则必须要服从。人类也要按自然法则行事,自然法则、物理法则和社会法则对人的行为都有约束力,人类只有遵循这些法则,行为才会偏向理智的一面。实在论者认为,位于课程等级制度顶端的应该是最普遍和最抽象的科目,他们强调以这样的课程来培养人的逻辑思维和抽象思维。

(三)实用主义

倡导实用主义的学者提出,培养人的批判性思维才应该是教学的聚焦点。教学不是解释性的,而是探索性的,和科学材料相比,方法更重要。在教学中要努力使学生学会批判性思考,而不能只重视学生想什么。

(四)存在主义

存在主义者认为,人是在不断选择的过程中一步步认识自己和对自己进行定位的。每个人都可以自主选择自己要成为什么样的人,在这方面的选择中,人会产生自我认同感,也会认识自我本质。所以说,人创造的本质是自我选择的结果。当然,不同的个体会做出不同的选择,因而也会产生不同的结果。

倡导存在主义的学者认为，学生有选择学什么和怎么学的自由，在课程建设中应该给学生提供这种自由，发挥他们的主观能动性，丰富他们的选择经验。

二、教育哲学理论

教育哲学是用哲学观念和方法对教育领域的基本问题进行研究的学科。不同的教育哲学理论因为思考的角度不同，起点高低不同，观点自然也有区别。目前来看，本质主义、永恒主义、进步论和重构论是四种公认的教育哲学理论（表 3-2），它们都植根于上面提到的四种传统哲学理论，也就是说这四种教育哲学理论是由上述传统哲学理论衍生的，如本质主义取自唯心论和实在论，永恒主义根植于实在论，进步论根植于实用主义，重构论主要取自实用主义和存在主义。

表 3-2　四种公认的教育哲学理论①

教育哲学	哲学基础	教育的目标	知识	教育的角色	课程的焦点	相关的课程趋势
永恒主义	实在论	教育有理性的人；培育知识分子	关注过去的和永恒的学问；掌握事实和永不过时的知识	教师帮助学生理性思考；基于苏格拉底式的方法；口授明确的传统价值观	古典课程；文献分析；恒定课程	巨著；全面教育建议；回到人文科学
本质主义	唯心论、实在论	促进个人的智力发展；教育有才能的人	基本技能和学业课程，掌握课程内容的概念和原理	教师在特殊课程领域是权威；明确传授传统价值观	基本技能(3R)和基础课（英语、科学、历史、数学、外语）	回归基础；文化素质；教育卓越人才

① 周毅．校园足球课程构建导论[M]．广州：广东高等教育出版社，2019：49.

续表

教育哲学	哲学基础	教育的目标	知识	教育的角色	课程的焦点	相关的课程趋势
进步论	实用主义	促进民主的、社会的生活	促进成长和发展的知识;边生活边学习的过程;关注主动的、恰当的学习	教师是解决问题和科学探索的向导	以学生的兴趣为基础;讲授人类的问题和事务;跨学科课程内容;活动与规划	恰当的课程;人文主义教育;激进的学校改革
重构论	实用主义和存在主义	改良和重构社会;教育为变化和社会改革服务	辨认和改善社会问题所需要的技能和课程;和当代、未来社会相关的主动学习	教师充当变革和改革的代理人;扮演规划指导者和研究带头人;帮助学生意识到人类面临的问题	重视社会科学和社会研究方法;考察社会、经济、政治问题;关注现在和未来的趋势,以及国内和国际问题	国际教育;概念重构论;教育机会平等

(一)永恒主义

永恒主义者认为,人性是固定的,不会发生改变。人类有推理的能力,他们通过推理而获得对自然界普遍真理的认识与理解。开发学生的智力,培养学生的品德,使学生成为理性的人,使其能够认识与揭示自然界的普遍真理,这是教育的目标。永恒主义者倡导以科目为中心的课程,这类课程的内容体系逻辑组织很严密。

(二)本质主义

本质主义者对知识、事实非常重视,观念思维、知识的习得以及解决问题的能力是本质主义者强调的重点。某些概念、技能、事实等是构成科目材料的基础因素,许多本质主义者对此也很重视。

(三)进步论

进步论者倡导培养学生解决问题的技能,使学生学会用科学的方法解决问题。此外,他们还提倡学校应培养学生的自我约束能力和协作精神,倡导学校注重对社会文化的传递。进步论强调的不是思考什么的问题,而是怎样思考的问题。

(四)重构论

重构论者认为,简单地分析问题、阐释问题和评估问题是不够的,师生必须要有求变和改革的意识。社会是变化发展的,课程也是随之不断变化的,理想的课程应该是能够反映当前的社会问题、并能为社会服务的课程。

在阅读对以上四种教育哲学理论的阐述后,能够对它们各自的思想观点及彼此的差异有一定的了解。之所以要阐述这些教育哲学理论,主要是希望教师能够从中得到启发,选择适宜的教育思想,形成科学的教育观念。教育工作本身就具有创造性,所以允许有各种不同的观点存在于教育领域,这样教育才能实现多元化的发展。

三、哲学与校园足球课程建设

哲学理论主要从方向上为人的行动提供指导,教育哲学理论为教师开展教学活动提供了多维度的思考方向。从教师层面来看,上述教育哲学理论对校园足球课程建设具有重要指导价值,具体从以下两个方面体现出来。

第一,体育教师对教育哲学理论有所了解后,可以更深入地认识校园足球课程。不同的体育教师认识问题的视角不同,教学经验也不同,所以对校园足球课程也会有不同的认识。体育教师学习与了解教育哲学理论,能够受到启发,树立正确的教育哲学观,从更多的维度与视角思考教学问题,从而在校园足球课程建设中进行更加清晰的课程定位。

第二,教育哲学理论为校园足球课程建设提供了重要的方法原理,对设计与实施校园足球课程及开展相关具体教学活动具有重要指导意义。上述几种教育哲学理论中,永恒主义与本质主义属于传统教育哲学理论,它们更强调知识、科目内容等,而进步论、重构论属于当代教育哲学理论,相对来说对学习者及问题本身更重视。在传统与当代教育哲学理论的指导下,体育教师应在校园足球课程建设中对科目知识和学生本位之间的关系有正确的把握,并积极妥善地处理好二者之间的矛盾。

第三节　美学基础

一、美学与体育美学概论

(一)美学

美学是从人对现实的审美关系出发,以艺术作为主要对象,研究美、丑、崇高等审美范畴和人的审美意识,美感经验,以及美的创造、发展及其规律的科学。[①] 美学被称为“美的艺术的哲学”。美的本质及美的意义是美学研究的主题。作为哲学的一个重要分支,美学以艺术为主要研究对象,具体对艺术中的哲学问题进行研究,而艺术中的具体表现问题不在美学的研究范围内。

美学的特征主要体现在以下几个方面。

(1)形象性与理智性的统一。

(2)客观性与社会性的统一。

(3)内容美与形式美的统一。

(4)真实性与功利性的统一。

---

① 胡小明. 体育美学[M]. 北京:高等教育出版社,2009:21.

(二)体育美学

体育美是美在体育运动中的表现,是社会实践的产物,是人的本质力量的对象化。体育运动是以人为主体的运动,因而作为人的本质对象化的体育美,必然表现人的自然本质和社会本质。体育美表现人的自然本质,它是以身体素质、技术动作、战术、造型、阵地等物化手段以及人体的匀称和谐、对称的物质形态,按照美的规律造型所呈现的美。体育美在表现人的社会本质时,是以从事体育运动的个体和群体的行为、风格、作风等为手段塑造的人的内在美。总之,体育美是人按照美的规律在体育运动中所塑造的自然美和社会美的有机的和谐统一。体育美的特点是自然美和社会美完全融于一体,是其他美学所不及的。

二、足球运动的美学内涵

(一)人体美

自古以来,人们便将人体美作为审美的主要对象之一。古希腊时代,掷铁饼者、角斗士在比赛场上将自己发达强健的肌肉展示给观众,赢得人们的喝彩,奥林匹克运动会是运动员展示人体美的重要舞台。足球运动员也会在足球场上展示自己的人体美,如射门进球后,运动员难掩喜悦与激动之情,情不自禁地脱衣欢呼庆祝,展现出自己的健美身材,使观众在观赏足球赛事的同时也欣赏了人体美。运动员身材匀称,肌肉强健,从审美视角来看,他们展示出自己的人体美,并配合灵活的跑动、熟练的踢球动作,整体上是一个积极阳光、朝气蓬勃的形象,体现出一种和谐美和活力美。

完美的身体在古希腊人看来就是神明的特征,古希腊雕塑家最喜欢的创作题材就是身材完美及获得优异成绩的运动员,雕塑家将运动员的身体美和其竞技状态融合起来,淋漓尽致地展现在自己的作品中，从而对运动员的人体美、体育精神及伟大贡献予以赞美和歌颂。一些伟大足球运动员的雕塑作品也呈现出完美的体魄、良好的竞技状态，因而被人们广为称颂，如克里斯蒂亚诺·罗纳尔多、巴蒂斯图塔、阿兰·希勒等的。

球迷追捧身体健壮、体格线条优美、富有男子汉气概以及球技突出的足球运动员，并争相模仿一些球星射门进球后的庆祝姿势，如贝尔的桃心手势、克洛泽的空翻、兰帕德的双手指天等。这些表示庆祝的动作姿势体现了球员的精神意志，也反映了不同国家与民族的文化风格，因而很受球迷追捧。

（二）对抗美

健美操、体育舞蹈等项目给人一种柔美的感受，而篮球、足球等项目则给人一种对抗美的感受。在足球比赛中，双方队员对抗激烈，充满火药味，如果双方实力相当，那么这场比赛的对抗性将更加明显，而且充满悬念的比赛结果也吊足了观众的胃口。对抗是足球运动的重要标志之一，也是世界足球发展的特征之一，足球比赛中的对抗主要体现为身体上的对抗、技术上的对抗。除此之外，还有一些隐性层面的对抗，如心理上的对抗、精神上的对抗等，种种形式的对抗充分表现出勇往直前的足球精神。

（三）技术美

不同的竞技体育项目都有独特而精彩的技术动作。对竞技体育爱好者来说，这些技术动作本身就是欣赏的对象，运动员完美演绎精彩绝伦的技术动作，能够给观众带来巨大的视觉冲击和深刻的感官体验。足球运动具有的技术美主要体现在赛场上的运动员在不同的比赛情境下组合运用各种足球技术，灵活应对各种情况，将自己的身体美感及足球的技术之美充分呈现出来。

足球运动属于高难度项目，用脚控球，运动员脚下动作迅速灵活，变化莫测，体现出丰富的美感。技术是足球的重要组成要素，是保障战术有效实施的关键，对比赛结果具有决定性影响。

高水平的足球比赛充满激烈的身体对抗，技战术变化多样，场下观众看得很入迷，情绪也随赛场局势的变化而变化。足球技术中有些动作难度较大，如倒钩射门、凌空打门等，运动员要灵活运用身体各个部位，且时空感达到一定的精准程度，这样才能很好地完成这些高难度技术。

随着竞技足球运动水平的不断提高，足球比赛越来越激烈，为了适应新的变化，足球技术的发展也呈现出新的趋势，如越来越丰富多样，日益新颖和完善，与比赛的联系越发密切，与身体素质、意识、意志关系越来越大等。总之，足球技术向着更加快速、全面、简练、娴熟及强对抗的方向发展，足球技术美的观赏性也因此而不断增强。

（四）战术美

在现代足球比赛中，足球战术占据非常重要的地位，甚至可以说战术是一场比赛的核心。球队的整体步调、攻防转换节奏等都是由战术所操控的，因此能否合理应用战术、战术的应用效果如何等对一个球队的最终比赛结果有着决定性影响，对球队来说，用好战术是取胜的关键法宝。

足球运动的人体美、对抗美和技术美是很多足球观众都能欣赏的美，而足球运动的战术美通常只有专业人士或资深球迷才能看得懂或懂得欣赏，正所谓外行看的是热闹，内行才会看门道。

足球运动的战术美是通过足球运动员个人或个人与集体之间的相互配合体现出来的。足球赛场上，传接球的配合、踢球的方式、攻防转化的技巧等都充满变化，足球战术之美具体体现在这些变化之中。每个球队的具体情况不同，而且足球赛场上的情况也是不断变化的，每支球队都会从本队实际情况出发拟定战术，并根据赛场情况的变化而灵活调整战术，各种战术的灵活调整与巧妙运用都体现了足球战术之美。优秀的足球教练员往往善于谋划战术和巧妙安排战术，而且这些战术总能在关键时刻起到扭转战局的作用，使球队“起死回生”。足球战术是足球教练员和整个球队智慧的结晶,体现了教练员的智慧之美。

(五)精神美

更高、更快、更强的奥林匹克运动精神在足球运动中得到了充分的体现。足球运动员不断挑战自我,超越自我,他们坚毅勇敢、顽强不屈、勇往直前的体育精神给观众带来了美的享受。团结精神也是足球运动精神美的重要体现,球队的胜利需要球队所有成员团结协作、默契配合才能实现。

三、美学与校园足球课程建设

校园足球蕴含着丰富的美学元素,美育作为素质教育的重要组成部分之一,渗透在学校体育教学中。校园足球教学是美育的一个重要实施路径,加强校园足球课程建设,有助于实现美育的目标。

校园足球美育是对美育实践化的探究,是将美育理论应用于校园足球实践教学活动中的探究。将审美教育融入校园足球课程教学中,能够使青少年学生发现与感受足球之美,并培养学生欣赏美与创造美的能力。在校园足球课程建设中,体育教师应从学生的身心特征出发,将审美教育适当融入足球课程中,并以学生喜闻乐见的方式进行这方面的教育,从而对青少年学生的足球兴趣与情感进行培养,进而培养优秀的足球后备人才,促进校园足球的发展。为促进美学元素在校园足球课程中的渗透,加强校园足球美育的实施,应在校园足球课程建设与实施中做好以下工作。

(一)转变教育观念,学习美育知识

在校园足球课程教学中,教师自身拥有丰富的美学知识和良好的美学修养是开展美育的基础。足球教师是足球运动教学的主导者,是学生学习和参与足球的引导者,因此,足球教师要在足

球教学过程中实施美育，就必须先自己感受足球的内在美，从而去感染学生。对此，足球教师要做到以下几点。

首先，转变教育观念，掌握足球的美育价值，在足球教学过程中重视美育的实施。

其次，提高自身的综合素质，增强动作示范美、语言讲解美，引导学生感受美、鉴赏美。

再次，丰富自身的美学知识，提高美学理论素养，用理论来指导实践。

最后，主动参加美学讲座和培训，观看足球运动相关视频，与其他专业人士多交流，深刻认识足球运动的美。

（二）合理安排足球教学内容

足球是世界性运动，其中的奥妙深不可测，蕴含在其中的美让人为之倾倒。足球运动包含丰富的内涵，蕴含着很多美的元素，在日常教学与训练中，不应该把比赛作为开展校园足球的唯一目的，把赢取比赛作为日常教学与训练的目标，让整个教学与训练为比赛服务。在校园足球教学过程中，教师应根据学生的实际水平来合理安排教学内容，让学生了解更多的足球美育知识，培养学生的足球素养，陶冶学生的情操。在教学过程中还要培养学生吃苦耐劳、顽强拼搏的体育精神和团队合作精神，并在传授技战术的过程中，注重对足球运动内在美、外在美的传授，让学生在练习过程中体会与感受足球的美。

（三）合理运用教学方法和手段

在校园足球课程教学过程中，教师所选用的教学方法与手段要体现出针对性、科学性、教育性、艺术性，要多通过丰富多样、新颖独特的教学方法来提高学生的学习兴趣。丰富多样的教学方法和手段能够引导学生去感受足球美、欣赏足球美、创造足球美。在不同的教学阶段，教师可根据学生的不同情况有针对性地组织学生观看相关视频，让学生通过直观的感受来提高自己的美学素养，提高对足球美的鉴赏能力。教师在教学方法和手段的选择上，要考虑对学生审美能力的培养，通过多种教学方法和手段来增强学生的美感，加深足球运动美的丰富性、深刻性。例如，在基本技术学习阶段，教师要多示范，多强调技术要点，让学生在练习过程中多加注意、反复练习。当学生有了一定的技术基础之后，可以组织学生观看完整的足球比赛或精彩的足球比赛片段，让学生在观看视频的过程中注意技战术的完美体现和足球的运动美，以利于学生在练习中自觉改善动作，从自己的动作中感受到足球运动的技术美。

（四）以教师为榜样对学生实施美育

在校园足球教学过程中实施美育时，足球教师的一言一行都会对学生产生影响。体魄健美、精力充沛、积极向上、乐观开朗、亲切和蔼、姿态优美的足球教师会成为学生的审美对象，这样的教师在无形之中对学生产生影响，潜移默化地感染学生。教师不仅要保持仪表美、教态美，还要注意着装美，以突显精神面貌，注意语言讲解美（清晰、易懂）、动作示范美（规范、协调、明确），以通过言行美让学生感受足球运动的美，受到美的熏陶，激发学生的学习兴趣和热情。在足球教学过程中，教师要以自身吃苦耐劳、团结进取、爱岗敬业的优良品质和职业道德去引导和激发学生学习的积极性，培养学生坚强的意志品质和正确的价值观和道德观，使学生健康全面发展。

第四节　教育学基础

一、教育学相关理论

教育学拥有非常丰富的理论思想，下面对几个具有代表性的理论进行分析与研究。

(一)建构主义学习理论

建构主义学习理论认为,学习是个体经验与社会环境之间互动的加工过程。教育学中的建构指的是学习者通过新旧知识经验之间反复、双向的相互作用,形成和调整自己的经验结构的过程。[①] 学习者如何用自己原有的知识与经验来构建新知识,这是建构主义学习理论比较关注的一个问题。学习者学习的主动性、情境性及社会性是这一教育学理论强调的重点。建构主义学习理论的学者提出了一些关于教与学的新观点,下面重点分析几个主要观点。

1. 新知识观

建构主义学习论者提出新知识观,主要强调没有绝对正确的知识,只有不断更新的知识,新的知识总会随着社会的发展而不断出现,新知识出现后,就要适当摒弃一些旧的落后的知识。教师要树立新知识观,不断学习与掌握新知识,不断更新自己的知识结构,提高自己的知识素养,在教学中将自己所掌握的丰富的知识融入其中,感染学生,提高教学效果。

2. 新教学观

提出新教学观的学者主张让学生自主分析与解决问题,强调让学生在一定的问题情境中发挥探索精神,通过探索来解决学习中的问题。所以,教师要根据教学内容合理设置问题情境,鼓励学生主动探索与自主解决问题,为学生创设探索氛围浓厚的学习环境。

3. 新学生观

不同阶段的学生都有一定的思考能力,教育学家提出新学生

① 周毅．校园足球课程构建导论[M]. 广州:广东高等教育出版社,2019:55.

观,主张学生要在学习中勤思考,充分发挥自身的主观能动性,依据已有的知识和经验去学习更多的知识,解决学习中的问题。教师在教学中要对学生的知识基础与经验基础予以重视,要在学生原有知识基础上传授新知识和技能,使学生在学习中不断稳步提升。

4. 新学习观

建构主义学习论者提出的新学习观主要强调以下几点。

(1)学习的主动构建性

学习不是教师单方面将知识传递给学生的过程,而是学生从自己原来的知识背景和经验背景出发不断建构新知识的过程。在学习过程中,学生不是被动接受者,而是主动建构者,学生主动选择与加工外部信息,而不是对外部信息被动做出反应。

(2)学习的情境性

知识存在于一定的活动情境中,完全脱离情境的抽象知识是不存在的,学生学习知识是具有情境性的,所以结合社会实践活动和具体的情境来传授知识,更易被学生接受。教师要善于从学生的实际出发创设接近真实生活的情境,将各种资源充分利用起来,给学生充足的时间与空间去结合情境探索知识,使学生掌握具有真实价值的知识与技能。

(3)学习的社会互动性

学习是通过某种社会文化的参与来促进相关知识和技能的内化,从而对有关知识与技能加以掌握的过程,一般需要一个学习共同体的密切互动与合作才能完成这一学习过程。

(二)认知主义学习理论

认知主义学习论者指出,学习是个体发挥能动性去主动理解的过程,该学习理论对学习者内在心理认知的变化更为关注。下面具体分析认知主义学习理论中比较有代表性的几种观点。

1. 认知发展阶段理论

该理论的代表人物是皮亚杰。他提出，适应是认知的本质，人的认知建立在已有知识的基础上，然后通过一些机制来实现从低级向高级的变化发展，常见的有同化机制、顺应机制、平衡机制等。认知的发展一般要经历感觉运动、前运算、具体运算、形式运算这四个密切衔接的阶段。

2. 发现学习理论

该理论的代表人物是布鲁纳。他指出，主动形成认知结构是学习的本质，学习不是对外界刺激的被动反应。学习者主动获取知识，而非被动接受，学习者将自己原有的认知结构和主动获取的新知识有机联系起来，从而不断更新与充实自己的知识结构体系。

布鲁纳认为，学习过程具体包括以下三个阶段。

(1)获得

获得新知识是学习活动的首要环节，学习者主动获得的新知识可能是在原知识基础上的进一步深化，也可能完全不同于原知识。

(2)转化

学习者获得知识后，要在已知信息的基础上通过各种有效的方法来转化信息，使之以新的形式呈现出来，从而适应新的学习任务，并为获得更多新知识而奠定基础。

(3)评价

评价主要是检查知识转化的效果，并评判知识的合理性。具体是判断转化的方式是否合理，转化后的知识是否适应新的任务或是否得到了正确的运用。

3. 最近发展区理论

该理论的代表人物是维果茨基。他指出，要在教学中促进学生发展,就必须使教学走在学生心理发展的前面。学生独立解决问题的真实发展水平和在他人指导下解决问题或通过与他人合作解决问题的潜在发展水平之间存在一定的差距,该理论指出要在教学中努力缩小这种差距,提高学生的真实发展水平。

4. 有意义的接受学习理论

该理论的代表人物是奥苏伯尔。他指出,学习材料本身就要具有逻辑意义,要与学生的学习和理解能力相适应,使学生在学习新知识时,能够与原有知识联系起来。学生不仅要接受教师传授的现成的已有的知识,还要在教师的指导下主动探索与学习新的知识,或与其他同学合作探索新知识。

5. 信息加工学习理论

该理论的代表人物是加涅。他指出学习者是在大脑不断加工信息的过程中完成学习活动的,教师要按学习的基本原理来设计教学过程。该理论为教学设计提供了重要思路。

分析认知主义学习理论,能够使体育教师在校园足球课程建设中对学生本身的接受程度给予更多的关注,不要过分强调所有学生都达到统一的标准,要遵循客观规律与科学原理,从学生的实际出发进行课程建设。

(三)行为主义学习理论

行为主义学习理论主要对人的外显行为或反应的形成机制进行研究,或者说主要研究人能观察到的外在表现。下面主要对行为主义学习理论的几个代表性观点进行分析。

1. 联结主义

该理论的代表人物是桑代克。这里的联结指的是刺激与反应的联结,这一联结关系的形成经历了一个反复作用的过程,具体包括盲目尝试、逐步减少错误、再尝试等若干连续的环节。对刺激与反应之间关系的测试是桑代克集中关注的要点之一,他认为学习就是不断形成习惯的一个过程,在不断的学习中,若干习惯联结在一起,形成一个复杂的结构。从一定程度上来说,准备律、练习律及效果律对联结关系的形成过程起支配作用。

准备律主要是指在联结学习过程中,刺激和反应的联结处于准备状态时,实现会感到满意,不实现则感到烦恼。

练习律主要是指在联结学习过程中刺激与反应之间的联结如果经常被运用就会增强,反之则会减弱或消退。

效果律主要是指在联结学习过程中,在其他条件一致的情况下,学习者对刺激做出的反应如果得到肯定,联结就会增强,而如果被否定,联结则会减弱。

总之,联结主义学习理论强调学习是学习者通过一定规律的尝试与错误渐进形成的过程。①

2. 经典性条件反射

该理论的主要代表人物是巴甫洛夫,经典条件反射实验为该理论的形成奠定了基础。这一理论指出,学习是由不充分的刺激方式所诱发的反应而构成的,中性刺激与无条件刺激相结合,进而产生一种力量来诱发反应。

经典性条件反射理论在学习方面的启示意义非常重要,它强调学习并非建立在认知过程的基础上,而是建立在行为主义科学的基础上,而这一基础是可观察或测量的。

3. 操作性条件反射

该理论的代表人物是斯金纳。他认为,人的反应主要有两种类型。一种是自发的反应,这种反应与可观察和可确认的刺激没有关系,无法通过可测量的刺激来解释这种反应出现的原因。自发反应所对应的行为属于操作性行为。还有一种是诱导的反应,

① 周毅.校园足球课程构建导论[M].广州:广东高等教育出版社,2019:53.

这种反应和特定的刺激直接相关，是个体对特定刺激所做出的相应的反应；这类反应所对应的行为是反应性的。

操作性条件反射理论强调运用刺激达到强化的效果。这里所说的强化有两种类型。一种是正强化，是指有机体受到有利的刺激而做出积极的反应，受到有利刺激的正强化作用后，会频繁出现积极的反应；另一种是负强化，指的是通过减少对机体的厌恶刺激来使反应发生的频率不断增加。这里要注意区分负强化与惩罚，惩罚和负强化不同，它是指有机体做出某种反应后，及时给予厌恶刺激，从而减少该反应发生的频率。

4. 观察学习

该理论的代表人物是班杜拉。他指出，观察学习是指人们通过对他人行为的观察和模仿而形成某种反应。观察学习与模仿有密切的联系，模仿是对特定行为的观察与学习，如榜样人物的言谈举止经常被青少年儿童模仿。

观察学习理论关注个体内部因素与外界环境及二者的关系，学习是观察、模仿及在此基础上不断内化的过程。人类的很多行为都是在观察和模仿的基础上呈现出来的，也就是都是观察与模仿他人的结果。

总之，行为主义学习理论关注个体外在行为的形成，而体育学科的学习主要就体现在外在动作方面，所以该理论在体育学科领域有重要的借鉴和指导意义，能够给体育教师带来启发，从而为校园足球课程建设提供思路。

(四)人本主义学习理论

人本主义学习理论认为，人是一个整体，个体的主观能动性是这个整体的内在构成部分，占有重要地位。人的价值、创造性和自我实现是该理论强调的重点。

下面主要分析这一教育学理论的主要观点。

1. 自由学习观

这一观点的代表人物是罗杰斯。他指出，我们要改变传统的教育目标，不能只强调让学生学习知识内容，也不能只重视评价学生的学习结果，而应关注学生在学习中的变化与进步，要努力培养能够适应变化和懂得怎样高效率学习的人。

自由学习观强调教育要以学生为中心，围绕学生展开一切教育活动，重点对学生的健康身心与情感进行培养，教师要全面了解学生，尊重并信任学生。

2. 全人教育思想

这一观点的代表人物是库姆斯。他指出，教育不能只关注传授知识，只强调对学生技能的培养，还应充分了解学生的情意需求，促进学生知识、情感、意志等各方面素质的全面均衡发展，培养人格健全和全面发展的人。

人本主义学习理论能够指导体育教师在校园足球课程建设中将学生本身的需求重视起来，通过足球课程教学来提高学生身心健康水平，更好地培养学生的综合素质，促进学生全面发展。

二、教育学与校园足球课程建设

教育学作为校园足球课程建设的重要理论基础之一，为体育教师了解与分析学习者的个人需求提供了基础。体育教师只有对学习者有更加全面、深入的了解，才能设计出更适合学习者学习的校园足球课程，并在校园足球课程教学中采用合理的教学方法与技巧来激发学生的学习积极性，创设良好的学习情境来引导学生思考与探索，提高学生的学习效果，进而提高课程实施质量。

第四章 校园足球课程内容资源的挖掘与开发研究

课程内容是校园足球教学开展的主要方式与途径，校园足球课程内容作为中介密切联系了教师与学生的双边教学活动。在校园足球课程教学中，科学和丰富的足球课程内容选择与使用能让整个足球课程教学更加丰满、立体、深入。课程内容资源是校园足球课程教学活动开展的一个重要基础。本章就主要就校园足球课程内容资源的挖掘与开发进行深入研究，以为校园足球课程教学提供更加丰富的教学内容资源并为教师提高自己的课程资源选择与开发能力提供理论指导与教学启发。

第一节 校园足球课程内容资源的编排

一、足球课程内容概述

（一）足球课程内容的基本内涵

足球课程内容，是校园足球课程教学过程中教师向学生讲解、示范、展示、传授的所有知识与技能，包括理论内容，也包括实践内容。概括来讲，足球课程内容是在足球课程过程中对体育知识和技能体系等方面的选择和运用。足球课程活动的开展，以足球课程目标为指导，以体育书面或电教资料中的知识与技能为载体，转化为学生的知识与技能，这一转化过程的所有内容即足球课程内容。

（二）足球课程内容在足球教学中的地位与作用

可以通过以下几个方面深入理解足球课程内容。

(1)足球教学的材料和依据。

(2)在足球课程中，教学内容是实现教学目标的重要物质载体。

(3)足球课程内容是足球教学中教师与学生的沟通中介。

(4)足球课程内容以实现足球课程目标为指导。

(5)教师从多元足球课程教材内容中的优选结果。

(6)足球课程内容制约足球课程方法和教学手段的选用。

(7)足球课程内容的选择和使用决定足球课程的效果和质量。

二、足球课程内容的编排理论

（一）足球课程内容的编排逻辑

足球课程教学活动的开展，需要具体的课程内容为依托，否则教学活动就会变成没有血肉的框架，无法开展。要做好教学活动开展准备，教师必须要有明确的课程内容选择方向与范围，并对模糊的足球课程内容进行细化，进行有目的的编排。

编排足球课程内容，应结合具体的足球教学目标、教学实际进行，体育教师同时要考虑到不同足球课程教学内容之间的联系。具体来说，教师必须充分考虑不同教学内容之间的逻辑关系，良好的逻辑关系有助于教师很好地开展和组织教学工作，同时，也有助于结合学生的认知规律进行不同的足球课程内容教学，以促进学生的足球知识与技能的有序提升。

在足球课程内容编排中，应明确以下逻辑。

(1)根据足球课程内容内在逻辑顺序编排。足球课程内容编排应充分认识到学生对各教学内容的认知规律、掌握规律，要由浅入深，由易到难，循序渐进。

(2)根据学生身心发展规律编排足球课程内容。关注学生的健康发展，结合学生的身心发展规律选择和安排相应的足球课程内容。

(3)根据教学目的依次编排教学内容。以足球课程目标为足球课程内容选编的重要依据，足球课程内容选编应为实现足球课程教学目标服务。

(二)足球课程内容的排列方法

校园体育教学中，通过教学内容传授，学生学习不同教学内容，从而掌握各种体育运动知识和技能。以体育技能学习为例，整个学习过程需要经过泛化、分化和自动化三个阶段。在不同的学习阶段，教师对体育课程内容的循环需要突出“大、小循环”，以达到“温故而知新”和“巩固提高”的教学目的。不同的体育运动项目教学，课程教学内容的编排特点有所不同(图 4-1)。[①]

多练（小循环多）

少排（大循环少）	多排（大循环多）
粗学教材：未来生活中学生可能遇到的、有必要具有一定基础的、教学条件允许的项目。如棒球、轮滑、体育舞蹈、羽毛球、定向越野、短拍网球、郊游和野营、健美运动、形体、太极拳、跆拳道、防身术	精学教材：常见的、可行的、学生喜欢的、教师能教、场地允许、与学校传统项目相结合的项目。如篮球、排球、武术、足球、乒乓球、健美操
介绍性教材：没有必要掌握，但有必要让学生知道的或体验的运动文化和项目的有关知识。如高尔夫球、橄榄球、汽车拉力赛、台球、保龄球、跳水、竞技体操、网球、拳击、登山、极限运动、NBA篮球、足球四大联赛等	锻炼性教材：需要锻炼的身体素质和走、跑、跳、投、支撑、攀爬、钻越、搬运、负重等能力。如力量、耐力、速度、灵敏、柔韧等身体素质练习，和精学、粗学教材有关的专项素质练习、身体基本活动能力练习

少练（小循环少）

图 4-1

---

① 毛振明．体育教学论[M]．北京：高等教育出版社，2005：131.

结合足球课程教学实践，在足球课程内容选择好之后，对不同的具体的足球课程内容的排列排序，方法如下。

1. 直线式排列方法

在足球课程中，不同的足球课程内容基本上不再重复，彼此顺序排列，在教学活动开展过程中依次呈现给学生。

2. 螺旋式排列方法

在足球课程教学中，随着教学进程不断推进，相同的足球课程内容会反复出现。这种课程教学内容的螺旋式排列是教材的反复出现，但是这种反复并非之前的课程内容原封不动的照搬，而是在原有的课程内容基础上有所丰富和难度提升，表现出知识和技能不断复杂、深入的特点。

在足球课程教学中，足球体能、技能等实践课教学通常会出现课程内容的螺旋式排列，这种课程内容排列方法有助于学生对以前所学的巩固与提高。

3. 直线式和螺旋式混合排列方法

直线式和螺旋式混合排列方法是对足球课程内容的直线式排列与螺旋式排列的综合方法，兼具上述两种课程内容排列方法的优点。

4. 周期循环排列方法

足球课程内容的循环是指同一教学内容在不同学段、学年等范围内的重复安排。这种循环可能以课、单元、学期、学年等为周期进行循环。

对足球课程内容进行加工处理，应具体结合足球课程教学需求来开展相关工作，不论是哪一种排列法，都要关注具体课程内容对学生的要求和学生学习的客观认知与技能发展规律。

三、足球相关体育常识内容的编排

足球运动课程教学离不开基础健康知识课程内容教学，通过基本健康知识课程内容的教学传授，有利于引导和指导学生科学从事体育健身实践。一般来说，足球基本健康知识课程内容会在足球课程教学初以及阶段教学过程中穿插进行，时刻提醒学生重视体育健康问题，良好的体育健康能促进学生的基础体质健康水平的保持与提高，对于其进一步参与足球运动锻炼和竞技具有重要作用。

足球基本体育常识大体包括足球体育健康知识、足球体育文化知识两部分内容。

（一）课程内容编排技巧

1. 目的性明确

目的指对体育与健康知识素材的筛选要以最有利于体育与健康知识教学目标的实现为出发点和归宿。

在包括足球课程教学在内的校园体育教学中，实施体育健康知识教学的根本目标是使学生了解维护他们的健康所必需的知识和道理，促进学生掌握体育健康与保健知识、了解健康与保健方法、认识体育文化现象、熟悉体育运动规律与特点，培养正确的运动价值观。针对不同体育健康知识内容教学，教师应明确通过具体教学内容学生应达到什么样的水平，这就是教学目的，并结合教学目的有针对性地选编相对应的课程内容。

2. 有利于健康

校园足球课程教学中的体育健康课程内容，应符合青少年生理心理特点，如动作结构合理，安全卫生，符合健身健心要求的知识、技能和方法。

针对体育文化知识内容的教学，可选有关学生身体生长发育方面的常识、科学健身的方法、体育运动锻炼的意义和作用、体育卫生保健知识等。

针对体育运动理论内容的教学，可选择有利于促进学生身体正常生长发育、有利于发展学生生理系统功能、有利于培养学生良好体能素质、有利于增强学生抵抗力、有利于发展学生运动能力的知识。

3. 内容多样

体育健康知识内容丰富，学习足球运动，需要了解与足球运动相关的多方面的知识，如运动生理学知识、运动心理学知识、运动医学知识、训练学知识等。因此，要为学生的足球运动学习奠定丰富的基础知识基础，就要重视健康知识课程教学内容的多样性，多样性选择有利于达到体育的目标和全面发展学生的身体。

在足球健康知识课程教学中，体育教师必须充分认识到影响学生体质发展的因素十分广泛，学生需要了解的体育卫生保健知识就必然很多，故筛选时要将视角放宽，围绕那些影响学生生长发育的因素，如遗传、营养、卫生、保健、身体养护等多方面的健康知识应尽可能都有所涉及，要做到足球健康教学内容的多样、全面。

在足球体育文化内容教学中，教师要关注到学生对足球相关体育文化知识的了解与掌握。通过具体课程教学内容知识的教学，促进学生了解国内外体育动态，以及如何欣赏体育竞赛，了解一般竞赛规则，了解体育旅游等方面的知识，开阔学生的视野和思路，扩大知识面，提高学生的体育文化素养。

4. 切实可行

切实可行是指对体育素材进行筛选时要从学生和学校的实际情况出发，将符合学生身心发展特点、容易为学生接受、简便易行的内容选为教材。学生的身心特点是制约教学的重要因素，难度过大或难以改造的素材要避免选用。另外，筛选出的教材还要适合学校体育教学的实际条件。

5. 结合实际

任何体育课程教学内容的开展都离不开教学环境与教学条件的影响与支持，开展足球课程教学也不例外，具体课程内容选用应考虑教学实际。

单就不同地区的足球运动教学课程开展来说，体育教师应根据地区季节气候特点，合理安排体育教学。例如，南方地区阴雨天气多，在教学条件较差、雨天不能上技术课的情况下，如何安排好这段时间的教学，值得思考。对此，体育教师可选择室内教学，或在体育场馆内开展实践教学，或开展室内理论课教学，合理安排好体育与健康知识教学，由此解决由于气候和天气原因造成的户外教学难以开展的问题。

（二）课程内容编排误区

1. 缺少引导学生正确进行自我锻炼的教学内容

长期以来，我国校园体育教学中始终存在课程教学对“学懂”和“学会锻炼”的重视不够的问题，很多学生在学习了相关体育运动项目之后，一旦走出课堂，走出校门，没有了教师的指导，就会在参与具体项目锻炼时不知所措。校园足球课程教学也存在这样的问题。

调查显示，我国有太多的人在学生阶段就喜欢足球运动，在学校选修足球课程，但是即便是经过几年的足球运动学习之后，在大学毕业后走进社会，就不再参与足球运动锻炼，这些人的足球热情并没有落实到足球锻炼实践中去，而是以观看足球比赛的形式延续着。

造成这一现象的原因主要是在校园足球课程教学中，教学内容中缺乏指导学生进行自我足球运动锻炼的教学内容，学生离开教师指导后，无法自主开展足球锻炼，缺乏自主参与足球运动锻炼的能力，更有很多学生缺乏体育基本知识，不会欣赏足球比赛，缺乏必要的足球战术意识和足球文化素养。

深入分析，足球课程缺乏自我锻炼指导内容还存在以下原因。

(1)足球课程标准中对各年级理论知识教学未提出明确具体的规定和要求，教学无章可循，难以保证。

(2)教师不重视体育与健康知识的教学。在实践课教学中，许多教师不能根据教材做有针对性的“精讲”，而是图方便省事，不钻研教材，不用相关的理论知识来指导学生实践，只是安排学生去单纯地模仿，尽管学生练了，但并不知道为何这样练，更不懂得怎样科学评价自己的锻炼效果。

(3)缺乏高质量的教材和相关的教学。当前，足球课程教学在校园体育教学过程中是与其他很多体育运动项目相并列的一种教学，大多数体育教师所使用的教材为地方自编教材，教材质量参差不齐，教材中很少涉及有关学生的体育运动能力培养的内容，多是千篇一律的足球技术教学。

(4)教师不重视。在日常足球运动课程教学中，教师不重视体育与健康知识的学习和资料积累，不细致准备体育与健康知识课教案，偶尔阴天下雨上室内课，课前无准备，课程内容浮浅零碎，不成系统。

2. 缺乏培养学生健康生活方式的教学内容

和其他学科相比，体育学科本来就处于不被重视的弱势地位，足球作为校园多个体育运动项目中的一种，其运动价值和教学功能也不被重视。

校园足球运动课程教学中，教师多重视足球技能锻炼，忽视足球的育人功能，很少去关心学生健康的生活方式，不重视将足球运动作为一个终身体育运动项目去影响学生。

体育教师必须充分认识到，足球运动是促进学生身体发展和健康的重要手段，所以，教师要在引导学生积极参与在一起活动、发展体能的同时，应注意通过体育与健康知识教学分析各种运动行为，让学生明确参与足球运动的目的，掌握自我进行足球体育运动锻炼的方法，并将足球运动作为一种终身体育运动项目去参与，养成参与足球运动锻炼的习惯，使足球运动融入日常生活。

3. 缺乏运动心理健康方面的教学内容

体育运动心理健康一直都是体育课程教学中容易被忽视的问题。校园足球运动课程教学中，足球运动课时有限，而且大多数教师认为学生只是通过参与足球运动选修课获得学分，并不往专业运动员的方向发展，因此，几乎没有运动心理健康内容的知识教学，这显然是对校园足球运动课程教学的一种误解。

现代学生，压力大，很多学生都由于是独生子女并不会很好地与周围的人相处，在人际关系处理中或多或少会有各种矛盾的产生。

足球运动具有促进运动者身心健康发展的良好作用，能促进学生的健康心理认知、心态等的良性发展，同时，对促进学生的社会性发展有重要帮助作用。因此，教师更应该关注足球运动对学生的心理健康促进教育价值的发挥，在足球课程教学中优选一些有关心理健康促进的教学内容，开展足球课程教学。

（三）课程内容编排示例

1. 示例一：健康的生活方式内容

（1）课程内容

在足球课程教学中，专门选出一节课来与学生探讨足球对于学生的健康生活的影响与促进，引导学生正确认识和看待足球运动，认识足球对自我健康生活与身心健康发展的重要影响，并主动参与足球运动。

在具体的足球课程教学中，可选择主题教学内容开展教学（表 4-1）。

表 4-1 “健康的生活方式”的主题内容

序号	主题内容
1	学校卫生的基本内容
2	眼睛的构造
3	视觉的形成
4	保护眼睛的机理
5	书写和阅读时的保护
6	看电视和电脑时保护眼睛的方法
7	戴眼镜的知识
8	大脑的结构与功能
9	大脑皮层的知识
10	科学用脑的方法，足球的思维能力、智力发展促进作用
11	口腔的卫生
12	保护牙齿的方法
13	如何预防龋齿
14	睡眠的作用与卫生，足球运动期间的疲劳恢复
15	青春期卫生，青春期从事足球运动的好处与注意事项
16	乳房的保护方法
17	月经期的保护
18	嗓子的保护
19	男性外生殖器的保护
20	遗精的知识
21	自慰行为的对待
22	运动营养，营养素的知识
23	科学饮食，平衡膳食的要点
24	何谓良好的饮食习惯
25	足球运动对运动者生理功能的影响
26	运动卫生的四个原则
27	运动卫生的三点要求
28	足球运动的自我（习惯、营养、医务）监督

续表

序号	主题内容
29	足球运动中的各种情况处理
30	心理健康的标准
31	影响心理健康的因素,足球运动心理因素
32	常见的心理问题与处理
33	烟酒的嗜好与问题
34	药物滥用的问题,足球运动中的药物禁忌

(2)课程评析

这部分内容类似于健康教育的"实践篇",教学内容所探讨和关注的内容与学生的日常生活关系密切,容易引起学生的学习和讨论兴趣。

在足球课程教学中,引入健康知识相关教学内容并非是"不务正业",相反,这恰恰是为学生和学校的足球运动的长期可持续开展奠定良好的基础知识基础。这部分教学内容的教学有助于使学生对文明的生活行为和健康的生活方式具有清晰的辨别力与理解力,使学生正确认知健康生活方式、关注自我健康保健,重视自我运动健康和健康生活的培养,并有针对性地去学习相关知识,从而为学生参与足球运动奠定良好的健康观、运动观,端正足球运动学习的价值观。

2. 示例二:选编大多数学生喜欢的体育知识内容

(1)课程内容

通过课堂问答,了解学生对足球运动或者体育相关的哪些知识感兴趣,将这些问题答案进行汇总,有针对性地将学生最感兴趣的体育知识作为课程教学内容。

调查发现,多数学生对以下课程教学内容感兴趣。

①足球运动项目介绍(比赛的场地、规则、方法等)。

②足球相关竞赛,如奥运会、世界杯等重大比赛。

③运动营养、保健、卫生等知识。

④足球运动科学锻炼身体的方法。

⑤足球运动损伤的预防、急救措施等。

⑥运动心理健康小常识。

⑦个体生长发育的特点及生理卫生等。

(2)课程评析

兴趣对于学习具有重要影响,对于任何一个学习者来说,要想专心投入某一知识的学习中并取得良好的学习效果,首先就是要对这一学习内容感兴趣。

就学生调查来看,大多数学生都喜欢教师讲自己感兴趣的内容。要从教学内容选择方面就能抓住学生的学习兴趣,教师要合理安排教学内容,充分考虑课程内容是否切合学生的兴趣和要求,教师的语言是否风趣、幽默,能不能深深地吸引住学生。

从某种意义上来讲,教师作为教学活动的指导者,重视不重视体育知识课的教学,关键还是在于体育教师。

在学校体育教学系统中,有一个很普遍的现象就是,如果天气不好,无法在室外开展体育运动教学,在室内上课,体育教师应抓住这个上体育知识课的最好时机。但是,包括足球课程在内的体育课程教学,被其他学科占课时的情况时有发生,尤其是在各校的毕业班中尤为突出。一些体育教师动手(运动)能力极强,而动口(理论)能力较弱,也甘愿少上一节课,落得个轻松自在,其实这对于体育教学、对学生全面发展并非是有益的。

总之,要上好足球课,体育教师自身应端正教学理念与态度,重视对学生的体育健康的言传身教和运动项目教学影响。

四、足球简教类课程内容的编排

(一)课程内容编排技巧

1. 确定教学课时

在足球简教类课程教学中,按照每学年有效学时为60学时计算，简教类课程内容至少应占到总课时的 1/3，单个简教类课程内容应在 7 个课时以上。

2. 罗列单个简教类课程内容

单个简教类课程内容主要是足球的各种技术，如发球、接发球、传球、射门等，同时，还可以选择足球战术、规则、项目知识内容等。

单个简教类课程内容应与整个学期课程内容教学相关，不能太突兀。

3. 综合考虑判断

根据足球课程教学目标、教学条件、教学原则、教学课时数等，综合考虑本次课学生喜欢和容易接受的课程内容。

（二）课程内容编排误区

1. 忽略教学内容本质的选编

足球是一项具有一定危险性的对抗类球类运动，运动中，学生身体可能直接接触，或者受到球的撞击而受伤。为了做到安全第一，很多教师在足球课程运动中不断对足球课程教学内容进行“改革”，如通过无球模仿练习、缩小运动场地、降低运动难度等来开展足球运动教学，教学活动非常安全，学生也很容易在教师规定的教学场景与条件下完成各种击球、传球、射门任务，也能有效提高学生的兴趣。但是这样的教学内容“改革”显然是不科学的“改革”，这种“改革”忽视了足球教学内容的本质，其所导致的结果就是，学生在一节课、一个学期的足球学习之后一旦走上真正的球场，参加实战对抗比赛，就会出现很多问题，甚至是最基本的技术动作规范都可能做不到位。显然，这样的教学内容使得学生失去了足球运动项目应有的真实体验机会。

2. 只选编学生感兴趣的内容

新课标实施后，教师的课程教学内容选择权大大增加，再加上不同体育运动项目选修课之间的学生争夺激烈，为吸引学生选修自己的课程，很多教师就会主动“迎合”学生，只在课堂上开展学生感兴趣的那一部分教学内容的教学，而对教学大纲规定的、对学生发展有益的但是却枯燥不受欢迎的课程教学内容视而不见，置之不理。

课程内容学生不喜欢，不感兴趣，教师就逃避不教，这既不符合新课改的教育理念，也是一种不负责的表现。

在实际的足球运动课程教学中，任何课程内容的选择都不可能完全满足不同学生各不相同的体育兴趣。教师只有把教学内容与本校实际和学生的特点结合起来，去研究教法与学法来激发学生的学习兴趣，才有可能调动全体学生参与足球运动的积极性，将他们变为学练的主体，达到教学的目标。

足球运动课程教学实践中，教师选择课程教学内容时，一定要进行科学性、文化性、思想性的整合，把课程内容的知识、技术、技能等转化为有一定教育意义、有一定趣味性和可接受性的内容来激发学生的运动兴趣，而不是不想任何解决办法而直接将一些具有难度的课程内容直接砍掉。

3. 削弱竞技体育的选编

现代体育教育教学，强调“健康第一”，有些教师对这一教学理念的理解有过度解读的认识误区。这些教师认为，体育课程应脱离竞技体育的束缚，应该削弱有竞技性的足球运动教学内容，这种认识失之偏颇。

以往体育教学中，过度重视竞技体育运动技能教学而忽视学生身心健康发展规律和需求的做法显然是不可取的，但是，也不能就此走向另外一个极端。不能因为惧怕出现运动安全问题就完全取消难度较大的足球运动技术教学，或取消足球对抗比赛。

竞技体育不仅能够丰富学生的课余文化生活，还能培养学生公平竞争的意识、克服困难的勇气、顽强拼搏的精神。

校园足球课程教学中，具有一定竞技性的运动技能在教学中不但不应削弱，相反应当有所侧重和加强，教师应深入研究、探索出更成熟有效的教学方式和手段，以此来确保运动安全，并重视加强学生的安全教育，重视竞技性教学内容对学生的身心健康发展和促进作用，而不是因噎废食，全盘否定。

(三)课程内容编排示例

1. 示例一：教学内容的整合

(1)课程内容

深入了解学生，总结以往经验，将不受学生喜欢的足球课程教学内容与其他一些足球课程教学内容进行整合，提高学生对整合之后的课程教学内容的学习兴趣。

(2)课程评析

在校园足球课程教学内容选编过程中，体育教师应该跳出单纯的足球教学圈子，在深受学生喜欢的运动项目、教学形式中去寻找、挖掘与足球运动教学相关的或有助于促进足球运动教学的内容，通过有机结合，整合足球运动课程教学资源，最终选择出满足学生兴趣、健康需要，符合教学实际的课程内容。

2. 示例二：校本课程的开发

(1)课程内容

校本课程是多样化的课程，课程形式多种多样，既可以是必修课，也可以是选修课；可以是学科课程，也可以是活动课程。课程内容可以是某一学科，也可以是多个学科的综合。[①]

在校园足球课程教学中，通过教师主动引导、互动参与、情趣

① 毛振明，于素梅．体育教学内容选编技巧与案例[M]．北京：北京师范大学出版社，2009：59.

化教学设计，密切教与学之间的关系与距离，使学生积极主动参与足球学练，同时引入多元教学评价方式与方法，促进学生的足球学习质量的不断提高。

(2)课程评析

校园足球教学中，教师进行教学内容选编、教学设计时，一定要认真梳理课程教学内容的重点、难点，在课堂教学中，增加学生的体验性学习和研究性学习时间。

足球课程内容的选择，应选择学习难度与学生能力相符的足球知识、体能、技能内容，让学生能学有所得，体会到运动乐趣和足球文化的博大精深，为之后的足球课程教学奠定良好的学习基础。

此外，在教学结束后，可以结合教学内容给学生布置作业，让学生复习巩固，实现课堂教学的延伸。

五、足球精教类课程内容的编排

(一)课程内容编排技巧

1. 确定教学时数

在教学时数分配上，足球精教类教学内容可与其他内容交替安排在小学、初中、高中学段。

按照每学年有效学时为 60 学时计算，一般认为，足球精教类教学内容至少要占到总时数的 50%左右，足球单个精教类教学内容至少要在 30 学时以上。

2. 罗列出单个精教类教学内容

罗列出单个精教类教学内容，包括足球的各种技术(包括运球、传球、过人等)、战术、规则、项目知识等内容。

3. 教师和学生分别对罗列出来的内容进行选择

对于教师来说，应根据自己的专项水平、教学经验等实际情况进行选择。

对学生来说，可根据自己的体育基础、兴趣爱好、身体基本活动能力、身体素质等实际情况进行选择。

4. 综合考虑判断

在做好上述几方面工作的基础上，教师应根据教学目标、教学条件、教学原理、教学时数等综合考虑教师和学生选择出来的内容，最终确定具体课程内容。

（二）课程内容编排误区

1. 课程内容千篇一律

新课标赋予了教师在教学内容选择方面很大的空间，很多传统足球课程教学中所有的技术要求高、风险大、练习枯燥的教学内容都被教师摒弃，取而代之的是简单易学、趣味性强、游戏性的各种足球游戏。各个体育教师相互借鉴，这种相互学习的精神值得提倡，但是教学中也越来越多地发现，无论哪一个教师的课，无论是哪一个阶段的足球学习，总是会在课堂上见到相同的游戏内容。

课堂教学内容的“自主”选择，并不是学生对什么感兴趣就选什么，而是在学习目标的统领下选择符合学生身心发展的足球课程内容。

体育教师在选择教学内容上，必须全面学习和领会新课标精神，理解每个领域的水平目标以及达到该水平目标的学习要求，从学生的实际出发，以学生的发展为中心来选择和设计教学内容。

2. 教学内容过于宽泛

有些老师一味地追求内容的广泛性，或者一味满足学生的兴趣，认为内容选择和开发得越广越好、越新奇越好，认为教学内容广泛就能最大限度地满足学生的"胃口"。这种对足球课程教学内容的无序性的开发和利用，出现了"不要运动技术""淡化运动技术""兴趣第一"等教学观点，这是对足球教学改革的一种误解。

足球教学是一个系统化的教学过程，教学内容体系内容丰富。教学中，教师必须结合教学实际明确教学重点、难点，教学课时有限，因此，足球课程教学不可能做到面面俱到，如果一味地吸收各种教学内容，就只能是样样学，样样不精。

3. 选用技术含量较低的教学内容

受各种因素的影响，有很多教师在上足球课时都更倾向于选用技术含量较低的教学内容，把技能教学简化到最低程度，把体育课上成了休闲课、活动课，这显然也有悖于足球运动课程教学的初衷。

足球运动课程教学，要促进学生的足球知识、体能、技能的发展与提高，促进学生的身心发展。新课标中强调，运动技能学习领域体现了体育与健康课程以身体练习为主的基本特征，但并不是对教学内容的"简化"，只是不较高地要求掌握太多的运动技能，对此，体育教师应有清楚的认识。

体育教师科学选编足球课程教学内容，就必须要明确不同学生在不同阶段的学习需求，对各阶段的足球教学应合理安排如下。

(1)义务教育阶段，应注重学生基本的运动知识、运动技能的掌握和应用。

(2)高中阶段，应充分尊重学生的不同需要，引导他们根据自己的具体情况选择一两种运动项目进行较系统的学习，发展运动能力。

(3)大学阶段,促进大学生对足球运动技能的提高,发现学生的足球运动潜力,发现和培养大学生足球运动员。对于一般学生,力求通过足球运动教学培养学生的良好足球运动锻炼习惯,促进他们将足球运动当成一项终身体育运动项目来参与。

(三)课程内容编排示例

1. 示例一:构建足球教学内容体系框架(以中小学为例)

(1)课程内容

校园足球运动应该是一个系统性、长期坚持的运动项目。近年来,我国正式在各级各类校园中开展足球运动,推广足球运动教学,要实现学生从小到大持续参与足球运动,就必须要建立一个自下而上的系统性的足球课程教学内容体系,使学生从小学到中学到大学的足球学练能层层深入,循序渐进,不断巩固与提高。

有教师在校园足球课程教学的编排、分类、结构、内容选择上进行了重大改革,突破了传统的足球"八类技术教学体系",为足球课程教学内容选编提供了新思路(图 4-2)。

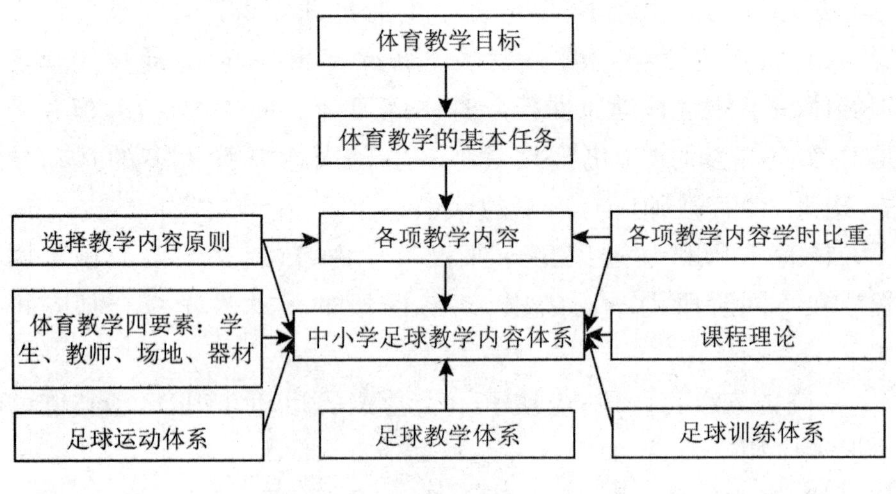

图 4-2

(2)课程评析

图 4-2 的足球课程教学内容编排符合学生的认知规律和身心健康发展规律。具体表现如下。

①小学阶段，从三年级开始利用小足球内容，以足球游戏进行技术学习，建立球感，培养足球兴趣和爱好，不过多强调足球技术动作的规范化。

②初中阶段的足球课程教学内容，在小学的基础上逐渐过渡到基本技术的学习和掌握，为继续学习打下初步基础。

③根据中小学生、教师、场地、器材、设备等诸多因素，在教学内容的选择和编排上应突出重点和最基础的内容。

④足球课程内容编排设计上，小学以"运、传、接、射"技术为主线，中学以"踢、停、运"技术为主线，与其他技术、战术有机结合。可有效解释与解决教学内容的重点、难点、容量与教学的关系。

⑤"主线"与"辅线"教学内容相结合，教学内容具有一定弹性。

⑥教学内容难度螺旋上升，有助巩固提高。

2. 示例二：将竞技教材内容转化成适合学生的教学内容

(1)课程内容

有一个教学案例，一名教师组织学生进行教学比赛，结果教学效果非常令人失望：比赛中学生乱成一团，不知情的人还以为在打群架……

安排足球教学比赛，在课程教学活动中，突出足球运动的竞技性，需要充分考虑学生与教学实际，如学生运动基础、教学场地、教师的前期讲解与示范等，使足球运动通过教材转化为适合学生的精教类教学内容。

(2)课程评析

足球属于竞技性较强的运动项目，将其引入课堂教学，需要对教学内容(如案例中的教学比赛)进行教育学意义上的加工处理,否则就不能很好地被学生所接受,教学效果自然也不会太理想。

总之,足球课程教学内容选编对教学活动开展、教学效果具有重要影响。因此,应充分考虑教学的实际情况以及可能产生的教学影响,教师应提前进行教学内容的深入、全面分析,尤其是精教类足球运动课程教学内容,更应该关注教学中的每一个教学影响因素,并关注课程内容对学生教育性作用的发挥。

第二节　校园足球课程内容资源的选择

一、足球课程内容的选择依据

(一)足球课程目标

课程目标是教学内容选择的重要依据,课程目标是体育教师在教学工作中必须始终牢记的一个内容。

课程教学内容是课程教学目标实现的重要手段。体育教师在选择足球课程内容时应对备选的教学内容进行筛查,或者直接根据足球课程目标去寻找合适的教学内容,只有这样才能确保教学活动的实施能够为实现既定课程目标服务。

(二)足球课程规律

足球课程的开展应符合客观足球课程规律,如学生身心发展规律、学习认知规律、技能形成规律等。

足球课程教学活动开展需要师生双方参与,其主要是学生参与。足球课程教学活动中,学生自身积极和努力必不可少,通常学生如果面对感兴趣的事情,那么其参与的动力就会大大增加,学习的效率也将倍增。

任何阶段、任何场合的足球课程教学，都不能违背教学规律，应在不同教学阶段选择不同的足球课程内容。在具体的足球课程中，应关注学生对教学内容掌握情况等一系列的客观规律性。

（三）学生发展需要

学生是足球课程的对象，学生的特点就决定着教学内容当中的各项要素。

足球课程教学的最终目的是促进学生发展，实现足球运动的“育人”作用。因此，教学内容的选编必须要围绕学生展开，要充分考虑学生的发展需要。

足球课程教学的课程内容选择绝对不能忽略学生的实际情况。足球课程内容应能满足每一个学生的体育发展需要，通过体育学习，使每一个学生都能有不同程度的发展。

（四）社会发展需要

人具有社会属性，社会是学生实现自我价值的最终归宿，足球课程内容必须能够满足学生在社会发展中的各方面需要。

具体来说，足球课程内容的选择，应考虑到学生当前的身心健康发展需要，也要考虑学生走出校园、进入社会之后的体育参与需要，考虑足球运动参与对学生的社会能力提高的帮助作用。

二、足球课程内容的选择原则

（一）教育性原则

足球课程内容选择遵循教育性原则，要求如下。

（1）分析足球课程内容是否具有教育价值。

（2）足球课程内容选择必须与足球课程目标相符。

（3）足球课程内容注重教学内容的文化内涵，传授运动技能的同时弘扬体育文化。

(4)足球课程内容选择应重视学生的意志、品德发展促进。

(5)足球课程内容选择应与社会发展要求同步。

(6)有利于足球终身意识与习惯的养成。

(二)科学性原则

足球课程内容选择遵循科学性原则,要求如下。

(1)应有利于学生身心的协调共同发展。

(2)应摒弃对学生的心理健康不合适的课程内容。

(3)应促进学生对科学锻炼的原理和方法的深入了解。

(4)应重视学生的足球运动实践体验,促进学生运动能力提高。

(5)应促进学生科学从事体育活动实践。

(6)足球课程内容本身应具有科学性。

(7)足球课程内容应与学校实际相结合。

(三)趣味性原则

足球课程内容选择遵循趣味性原则,要求如下。

(1)足球教学初期,通过足球游戏提高学生足球学练兴趣。

(2)避免过度竞技化的足球课程内容的选择,教学内容超出学生学习能力、运动能力承受范围,容易打击学生的积极性。

(3)结合学生特征选择学生感兴趣的、有趣味的内容。

(四)实效性原则

足球课程内容选择遵循实效性原则,要求如下。

(1)课程的选择应促进学生身心健康发展。

(2)改变传统教学内容当中的"难、繁、偏、旧"以及教学过程过度偏重书本知识的足球课程内容。

(3)足球课程内容的选择应为学生的终身体育奠定基础。

第三节　校园足球课程内容资源的开发

一、校园足球课程内容资源开发要求

(1)以学生为本,从学生兴趣、学生实际发展需求出发。

(2)扩大教学内容弹性,实现教学内容选择的自由性,灵活选择教学内容。

(3)合理安排基础性足球课程内容与竞技类足球课程内容的比例。

(4)重视女学生的足球参与,关注女学生经期足球活动参与。

二、校园足球课程内容资源开发策略

(一)传统课程内容优中选优

足球是我国学校中较早开展的一项体育运动项目,足球课程中,有很多传统足球课程和教学内容已经存在了很长一段时间,并被长期的教学实践证明能切实促进高校大学生的身心健康发展,应予以保留。

针对传统课程教学内容,可从中选出更合适的知识、技能部分开展足球课程,不同教师可结合自己的特点与特长选择教学内容,优化教学质量与效果。

(二)拓展上级课程文本

上级课程文本指国家教育行政部门规定的统一课程和教学内容,它体现国家的意志,是专门为未来公民接受基础教育之后应该达到的共同体育素质而开发的足球课程和教学内容,上级课

程文本在学校课程教学内容选择中具有导向作用。

基于上级课程文本进行足球课程教学内容拓展，具体操作方法为在文本框架内丰富课程内容。

上级课程文本对于下级地区课程文本来说，是引导性的、指导性的文件，可以为下级课程教学提供范围、方向和其他一些建议与参考。地方、学校、体育教师可以结合具体的教学实际来对教学内容进行选择、优化、补充，也可以摒弃一些体育运动项目教学，灵活调度整个足球课程体系内容，使足球课程内容既符合上级课程文本，又符合本地本校实际。

（三）整合多元教学内容

依据不同学段的学生身心发展的特点进行选择，对足球运动课程教学内容的功能进行分析，并整理合并具体的足球运动技术练习和身体练习作为新的教学素材。

（四）有效修改课程内容

教学大纲是教学开展的指导性文件，对具体的教学内容的启发是宏观性的，关于教学内容的选用标准描述并没有规定“过死”，并不会细化每一个教学内容，而只是给出了一个方向和范围，这就为教师提供了发挥空间。

体育教师应结合具体的足球课程教学实际，在选用足球课程内容时可对大纲所规定的教学内容进行适当修改，充分参考上级文件，在规定范围内选择足球课程教学内容，教学内容应符合本地、本校、本班级学生特点，突出本地特色。

（五）创新足球课程内容

随着教学理念、教学技术、社会需求的不断发展，足球课程为社会培养人才的标准也在不断变化。足球课程内容必须结合社会和时代发展背景注重更新换代，与时俱进，教师应善于结合时代发展特点对足球课程内容进行创新改造。

新时期足球课程内容的选择需要考虑的因素、条件已经发生了变化。基于这些变化,体育教师对某个具体的学校足球课程内容资源应进行合理取舍、改造、加工、处理,从中提取或改变一些要素,增加或舍弃一些要素,使之成为一个新教学角度(如娱乐性、文化性)的足球课程内容。

同时,教师也应重视对教学内容的呈现方式(教学技术)、教学内容的呈现方法(教学方法)的创新。

(六)坚持以人为本

在当前越来越重视教学活动中突出学生主体地位的"以人为本"的现代教育思想与理念的指导下,教师的体育教学内容选择必然要坚持以学生为本,这样才能提高学生的体育学习积极性,加深学生对体育的印象和理解,最终实现学以致用。[①]

校园足球教学中,教师选择课程教学内容应充分考虑和结合学生的年龄、性别、身心发展特点、运动爱好、运动基础等,为学生的足球主动学练奠定基础,也为学生从事适合自己身心发展阶段特征的活动提供内容指导。

(七)落实终身参与

足球运动是一项可以终身参与的体育运动,长期参与可令学生终身受益。

足球课程教学应关注学生生理健康,还应促进学生心理、体育观、价值观、意志品质等的提高。上述这些内容都应该被纳入足球课程教学内容之中。

足球运动教学中,教师所选择的足球课程内容应与学生的生活密切相关,为学生在走出校园以后长期持续参与足球运动锻炼奠定良好的活动内容、活动方法基础。

---

① 李吉松.新时期体育教学内容体系构建的理性思考与优化[J].绵阳师范学院学报,2013,32(5):115-120.

第五章　校园足球课程构建的程序与方法

校园足球课程的构建需要遵循一定的程序和正确的方法，如此才能使教学更加合理和更富有效率。为此，本章就重点对校园足球课程构建的程序与方法问题进行研究。

第一节　校园足球课程教学设计概述

一、足球教学设计简述

足球教学的设计受一般教学和体育教学两类设计理论的指导，并且还要符合足球运动发展规律。可以确定的是，这是一门系统研究设计足球教学过程的学科。

通过下图（图 5-1）可以更清晰地看出足球教学设计的理论依据结构。

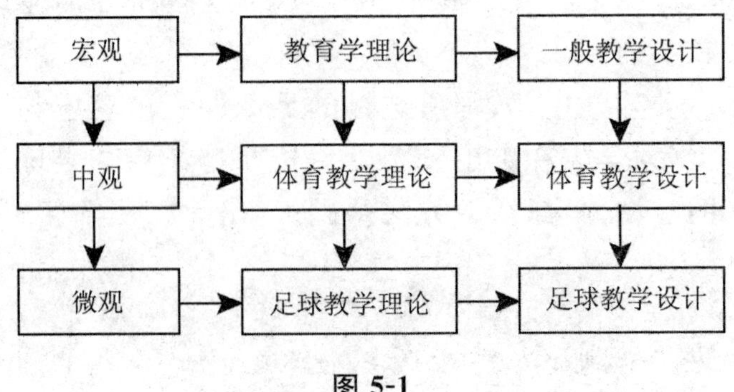

图 5-1

(一)足球教学设计遵循的指导思想

1. 素质教育观

素质教育在我国教育领域中已经提出了较长一段时间，这是全面贯彻党的教育方针，以德育为核心，以创新精神和实践能力为重点，面向全体学生开展的，重在培养学生德、智、体、美、劳全面发展的教育观。其观点核心主要体现在如下几点。

(1)面向全体学生。

(2)面向学生的未来。

(3)关注学生的全面发展。

(4)注重学生的主体地位。

2. 现代体育教育观

要想落实现代体育教育观中关于教学设计方面的内容，就必须首先转变传统的体育教育观，具体则是将传统体育教育观中的优势保留下来，并融入到新的现代体育教育观念之中。

(1)坚持“全面教育”的指导思想。

(2)坚持“终身体育”的指导思想。

(3)坚持“健康第一”的指导思想。

(二)足球教学设计的程序

国内外很多同领域的学者都对足球教学设计的程序问题有所研究，提出了一些观点。这里我们结合了这些学者的观点，并且将足球教学的规律融入其中，最终制定出了一套足球教学设计的程序(图 5-2)。

二、足球教学设计前期分析

1968 年，美国学者哈里斯提出了前期分析(front-end analysis)的概念。简单说，就是在教学设计工作开始前，对那些可能会影响教学设计的元素进行分析。具体的影响因素主要有以下四种。

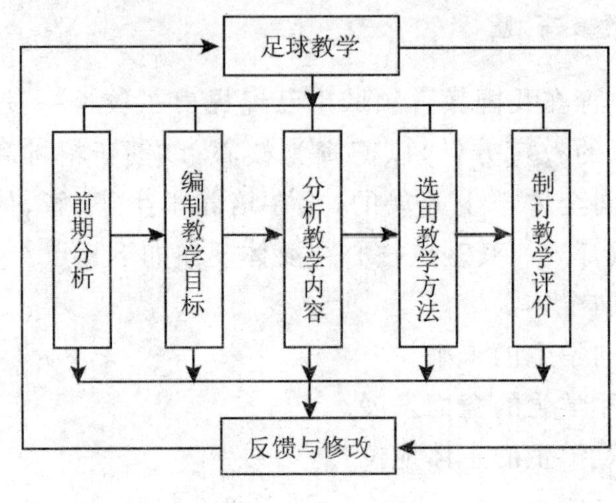

图 5-2

(一)学习需要分析

对学习需要进行的分析主要是关注学生学习的现状与预期达到的水平之间的差值。了解这个差值的目的就在于，如果要通过教学缩短这个差值，教学要解决的问题是什么等。对学习需要进行的分析要做到下面三点。

(1)深入教学实际之中，深刻分析教学中遇到的问题都来源于哪些因素。

(2)分析资源条件和制约因素，明确教学方案的设计思路。

(3)从本质上分析问题，并确定对解决这个问题可以起到效果的途径。

(二)教学对象分析

教学对象就是指学生。对教学对象进行分析的目的在于了解他们的学习状况，以此为教学计划的设计提供基础依据。具体来说，对教学对象进行分析要关注他们的学习准备、起始能力预估、一般特征和学习风格等的情况。

1. 学习准备

学习准备是指学生在学习新的知识或技能前其原有的知识技能与心理等水平对新学习内容的适合性。学习准备可从两个方面来理解。一个是学生对进行特定的教学内容的学习已经具有的知识技能基础，另一个则是对他进行该项学习产生影响的心理和社会方面的特点，如年龄、认知水平、生活阅历、学习动机等。

2. 起始能力预估

学生的起始能力对于教师的教学设计来说非常重要，特别是在确定教学内容和目标时以学生起始能力作为依据可以制订得恰如其分，做到目标既不高也不低，这有利于学生的学习情感和主动性的培养。

3. 一般特征鉴别

这里所指的一般特征是学生学习有关教学内容时产生的各种影响学习的因素，这些因素主要来自生理上、心理上或社会上。

对一般特征的鉴别往往与即将学习的教学内容没有太大关系，不过在一定程度上会影响到对教学内容、教学方法和教学手段的选择。

4. 学习风格诊断

学习风格被誉为"现代教学的真正基础"。每个学生的学习风格都不尽相同，而这甚至是决定他们学习效率和成果的关键因素。具体来说，有些学生喜欢氛围活泼的学习环境，有些则喜欢宁静的学习环境。即便同是在体育教学中，有些倾向于技术型运动，有些则更倾向于有身体对抗性的运动，有的运动悟性高，有的运动悟性低等。需要说明的是，学习风格没有好坏之分，只有类型差别。为此，教师要对每位学生的学习风格予以尊重并承认他们之间的风格差别，从而有针对性地开展教学设计工作。

(三)教学资源分析

对于校园足球课程来说，教学资源情况对于教学设计至关重要。所做的校园足球课程设计务必是要建立在现有的教学资源基础之上的，这是教学得以顺利进行的物质基础。具体来说，它包含教学所需的人、财、物三大资源。在现代校园足球课程的资源中，还加入了信息一项，这也是不容忽视的资源之一。

(四)教学安排

教学安排为教学内容在学年、学期、月、周、日中教学时数的详细安排。

三、足球教学目标的设计

足球教学目标是足球教学活动预期达到的结果，是学生通过足球学习后预期产生的行为变化。它表现为对学生学习成果及终结行为的具体描述。设计足球教学目标是足球教学设计中非常重要的组成部分。

(一)足球教学目标的编写要求

1. 全面性

《体育与健康课程标准》和《全国普通高等学校体育课程指导纲要》中都有明确的课程总目标，要达到这个目标，必须通过每一堂课的教学来实现，因此在设计每一堂课的教学目标时要全面考虑突出主要目标，但不能只考虑主要目标而忽视其他目标。

2. 具体性

在设计足球课堂教学目标时，必须注意贴近本节的教学内容，具体地反映学生的学习行为，切忌笼统、泛泛地空谈，要具体指出本节课应该让学生了解和掌握哪些足球知识和技能，形成哪些态度和观点，并说明所达到的程度。

3. 准确性

教师必须根据教学内容和学生实际情况，准确地编制教学目标。既不能要求过高，脱离学生实际，又不能要求过低，影响学生积极性。

4. 明确性

教学目标具有导向和标尺的作用。具体明确的教学目标，能够引导教师和学生围绕教学目标的实现，恰当地组织教学过程，有效地开展教学活动，并能以此为标准检测教学结果。所编制的教学目标应明确规定拟达到的结果，并用规范性的术语进行描述。

5. 灵活性

灵活性有两层意思，一是区别不同情况分别对待，对不同层次的学生应制订不同水平的教学目标。二是可以变化，在教学过程中如出现事先没有估计到的情况，可以及时调整教学目标。

(二)足球教学目标的陈述方法

教学目标一般应该包括“对象”(哪些学生)、“条件”(在什么情境中)、“行为”(做什么和怎么做)和“标准”(做到什么程度)四个部分。教师应认真研究和分析《体育与健康新课程标准》提出的各方面、各层次的目标，将其进一步具体化。为了更好地表示目标的层次性，在制订教学目标时应使用能够体现不同层次意义的行为动词(表 5-1)。

表 5-1　体育与健康课程学习目标的行为动词概览示例

	行为动词的层次及意义	行为动词	举例
认知性目标行为动词	了解层次：再认与回忆；识别、辨认事实或证据；举出例子	观看；知道、了解、认识	知道所学运动或游戏的名称或术语
	理解层次：把握内在联系；与已有知识建立联系；进行解释、推断、区分、扩展；提供证据；收集、整理信息等 应用层次：在新的情景中使用概念、原则；进行总结、推广；建立不同情景下的合理联系等	学习、体验、进行；理解、获得、掌握；培养、丰富、增加、增强、提高、分析；表现出、改善、形成；塑造、保持、迁移	理解良好的生活方式对身体健康的意义 简要分析现代体育与奥运会发展过程中所经历的一些重要事件和问题
技能性目标行为动词	练习层次：独立或集体体验、学习动作	学习、做出	做出正确的身体基本活动动作
	掌握层次：独立完成动作；进行调整与改进	完成、掌握；发展、增强、提高	完成多种柔韧性练习
	运用层次：与已有的运动技能建立联系、灵活应用等	进行、适应、运用	基本掌握并运用田径类运动的技术
情意性目标行为动词	经历层次：从事相关活动，建立感性认识	参加、参与、体验、认识；交流、合作	体验体育活动对调节情绪的作用与效果
	反应层次：在经历的基础上表达态度和价值判断；做出相应反应等	感受、了解、进行、完成；表现出、做出；爱护、遵守、履行；调节、融入、规范、应对；控制、迁移	在合作环境发生变化时愉快地进行体育活动和游戏
	领悟层次：具有稳定态度、意识行为和个性化的价值观念等	学会、实现、提高、发展；培养、树立、形成、养成、具有、保持；对待、尊重	对体育道德具有一定的认识并能努力实践

引自《全日制义务教育体育与健康课程标准（修订稿）》（2008 年）。

四、足球教学内容的设计

（一）教学内容的分析

1. 足球教学内容的构成

足球教学内容是为了达到足球教学目标而选用的足球知识和技能体系。足球教学内容有一定的结构体系，通常以“章”“节”“目”“款”等来表达它的不同层次。在教学设计领域，有时也将教学内容分为课程、单元和项目三个层次。课程是一门独立的教学科目，它由若干个单元即知识的模块构成，如“足球运动”这门课程包括足球运动概述、足球基本技术、足球战术、学校足球教学与训练、足球竞赛规则与裁判法等单元。一个单元又由若干项目即知识模块构成，如“足球运动概述”这个单元包括足球运动起源、发展以及价值目标等内容。

教学内容的各组成部分不是孤立存在的，相互之间是有密切联系的。教学内容内在联系的基本形式有两种。一是序列联系，即教学内容各组成部分按某种次序排列；二是部分与整体联系，即教学内容的一个方面是另一个方面的构成要素。实际上，许多教学内容的各组成部分之间的联系是综合性的。

分析足球教学内容是对学生起始能力变化为终点能力所需要的从属知识和技能，以及纵向、横向关系进行详细剖析的过程。

根据教学目标，首先要选择教学内容，确定其广度和深度；其次是揭示教学内容各部分之间的联系，安排其呈现的顺序。

2. 足球教学内容的选择

教学内容的选择是在以足球教学目标为依据的情况下，结合学生对足球知识和技能的掌握能力而决定的。

现有的一些足球相关课程标准只是明确了各层次的教学目

标,而对具体的内容则没有明确规定,这需要教师根据学生以及各方面情况具体制订。在对足球教学内容进行选择时要关注到下列几点要求。

(1)选择的教学内容应具有科学性、教育性。

(2)选择的教学内容应遵循学生身心发展规律。

(3)选择的教学内容应理论结合实践。

(4)选择的教学内容应注意统一性与灵活性相结合。

(5)选择的教学内容要注重实用性,且带有一些趣味元素。

3. 足球教学内容的组织

当结束了教学内容的初选工作后,就要根据足球运动的规律和特点对教学内容进行具体组织,使各内容之间产生逻辑关联,并从整体上看构成系统。为此,教学内容的组织应符合下面几点要求。

(1)由整体向部分逐渐分化。

(2)由已知向未知逐渐深化。

(3)依据足球运动本质发展规律依次排列。

(4)内容与内容之间要具备横向联系的关系。

(二)足球教学内容的层次划分与安排

足球教学涉及的内容其实是非常多的,其中有些适合安排进校园足球课程之中,有些则因专业化程度过高不适宜安排。这里我们根据教学内容的重要程度、难度水平以及锻炼价值将教学内容大体分为四个部分(图 5-3)。对某种类型的内容也有相应的排课要求。

1. 重点内容

所谓的重点内容,通常是那些只要参与足球运动就必然会使用到的、较为基础的内容,如足球基本知识、基本规则以及基本技战术等。这些内容无疑是需要重点安排在教学之中的,并且在排课时所占的比重要多,争取对这方面内容要最多教学和最多练习。

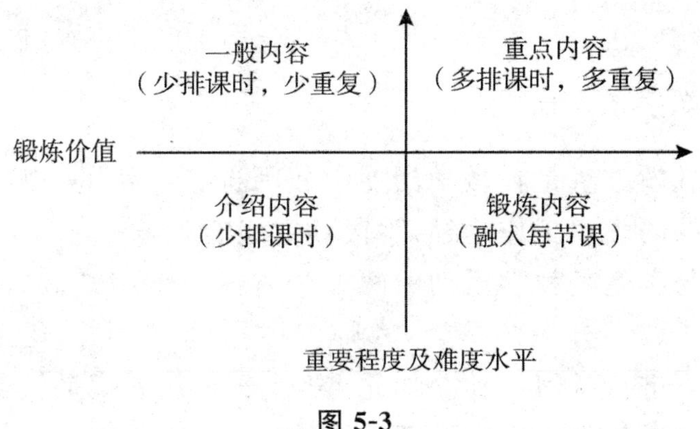

图 5-3

2. 一般内容

一般内容通常为在足球运动中偶尔用到的理论知识、规则与技战术等内容,是学生应该掌握的内容。不过,因一般内容的出现频率不如重点内容那样多,因此此类内容在各个水平层级中做适当安排即可。

3. 介绍内容

介绍内容通常为在足球运动中较少出现的内容,但对学生来说还是需要了解的。由于这种内容出现的频率较低,因此在各个水平层级中做较少安排即可,练习的时间也应较少,甚至不安排练习也是可以的。

4. 锻炼内容

锻炼内容通常为足球运动中由运动性质决定的需要学生练习的各种身体素质类和球感培养类内容。学生对锻炼内容的练习要贯穿在整个足球教学之中,其不仅可以当作平时练习之用,也可穿插到各个教学单元和单次课程内,但在课程中不要占用过多时间。

五、足球教学方法的设计

(一)教学方法的选用

足球教学方法是在教学活动中教师选择使用的,以完成教学目标为目的的教学工作途径、手段和方式。

教师与学生是教学活动的两大主体,教学分为“教”和“学”两部分。对于教学方法的选择,教师占主导,而学生则在接受教学方法指导下进行学习活动。如此看来,教学方法就是教与学之间的桥梁。足球教学是一个不断发展的事物,为了适应新的教学和新时代的学生,教学方法也需要不断改进和创新。与此同时还要注意传授给学生正确的学法和练法,使教、学两法相互包容、相互促进,如此才更能体现出教师与学生的教学主体地位,最终让教授和学习两个环节都能够顺畅进行。选择教学方法的依据主要有足球运动的特点、足球教学规律、足球教学目标、足球教学内容、足球教学时间、学生实际情况、教师实际情况、教学资源情况。

(二)足球练习方法的构成要素分析

足球教学的特征是学生进行的身体练习和实践活动。鉴于此,在选择教学方法时首先要考虑的就是那些以身体练习为主要特征的教学方法。这类教学方法中在校园足球课程中常用的有练习法、游戏法和比赛法。当然最为基本的教学方法结构可如图 5-4 所示,即是以足球运动的实际需求为依据的,分为体能练习方法、技术练习方法和战术练习方法。

六、足球课程教学设计的成果

校园足球课程设计得以最终呈现出成果,需要前期做好具体目标的明确以及教学内容的组织工作。由此所得出的教学设计成果有校园足球的课程纲要、课程教学计划以及足球教材等(表 5-2)。

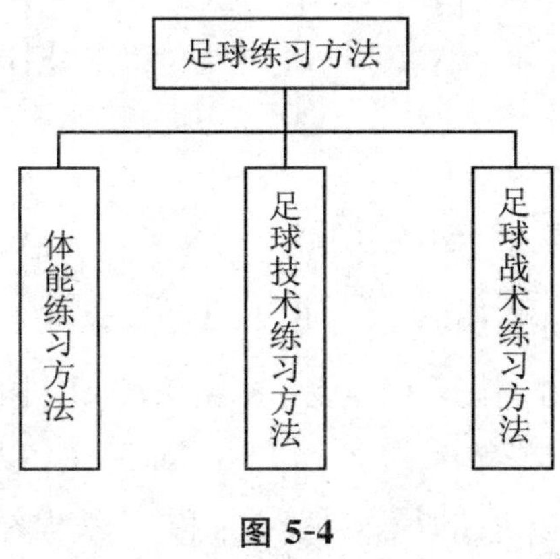

图 5-4

表 5-2　校园足球课程设计成果呈现形式

成果呈现形式	概述
校园足球课程纲要	校园足球课程纲要主要是对校园足球在学校体育教学中的总体规划和总要求,属于宏观层面的课程形式
校园足球课程计划	校园足球课程计划是为了贯彻校园足球课程纲要中提出的要求,所形成的具有逻辑性、层次性的方案,它偏重于内容结构的架设,属于中观层面的课程形式
校园足球教材	校园足球教材则是根据不同层次的校园足球课程计划,来设定和组织适合本阶段学生学习的活动指导的一种载体,它比较偏重于具体的内容与方法,属于微观层面的课程形式

从校园足球课程设计成果所呈现的这三种形式来看,三者之间拥有紧密的联系。按一定层次来说,这种设计呈现出不断细化的表现形式。校园足球课程计划是校园足球课程纲要的一种具体化,而作为课程计划下一个层次的足球教材又是对课程计划的具体化,三者是逐层递进的关系。在上述三个层次中,校园足球课程纲要是对校园足球课程总体的规划,而校园足球课程教学计划则是对校园足球课程纲要的具体实施安排。校园足球教材相对于上述两者是最为实际和细致的操作方法,教材是教师的教学参考。

总的来看，这三个课程设计层次之间有着紧密的联系，同时也有不小的差别。下面就对这三个层面的校园足球课程设计成果进行具体分析。

（一）校园足球课程纲要

校园足球活动要想真正开展起来，仅靠学校这个单一单位的作为是非常有限的，就课程大纲这种教学文件的制定来说，还需要教育相关部门、体育部门等协助共同完成，以此制订出适合学校开展的、可持续发展的校园足球课程。课程纲要是一种以提纲作为形式呈现出足球课程中各种课程元素的文本文件，纲要中通常要包括课程意义、课程目标、课程内容、课程实施方法和课程评价等内容。这些内容为足球课程奠定了方向性基础和基本架构。校园足球课程纲要是从宏观角度上对校园足球教学予以指导的文件，它明确指出校园足球课程在专业教学计划中的地位和作用，确定课程教学的基本任务和要求，提出本门课程教学组织实施的原则和各阶段计划的学时安排。它阐述了在课程中教师“为什么要教、教什么”和学生“怎么学、学到什么程度”等问题，此外还对课程的一些组织与安排问题提出了要求。

作为校园足球教学工作的“指导手册”，课程纲要是对教学活动的整体规划，对其进行严谨科学的制订是非常有意义的，它是校园足球课程进行具体设计与实施的重要依据，有利于教师形成学科观和课程意识。不过，就制订课程纲要的模式来说，目前尚没有一个统一的标准，对其的制订通常由学校上级主管部门进行，教育部门可以根据教学目的与实际情况，或学校结合自身发展要求和条件，以务实和创新的思维来编制。下面就简要分析几个校园足球课程纲要的组成要素（表 5-3）。

编制校园足球课程纲要的目的是首先要明确的，然后则是对一些纲要中的具体要素进行组合，这些要素的组合方式并不是固定不变的，而是可以根据学校的各种实际情况予以适当调整的，但基本要素是不能缺少的。

表 5-3　校园足球课程纲要的组成要素参考表

组成要素	内容介绍
课程概述	包括校园足球课程的指导思想和校园足球课程所承载的目的与意义。这部分主要阐述的是校园足球课程在规划方面的指向，以及校园足球课程对学校与学生的发展具有哪些积极的影响
课程目标	主要阐述的是对不同水平阶段学生在足球运动学习中所要达到的宏观要求。这些要求必须要全面，恰当，相互衔接，要兼顾到学生各领域的发展要求
课程内容	包括课程内容的合理选择与编排。既要符合学生各方面的发展需要，又要做到各阶段内容是衔接的。是对学生学习内容在宏观层面的安排，更是校园足球课程质量的关键
课程实施	包括校园足球课程实施的途径、方法、课时的安排、物质条件等。校园足球课程的实施并不单纯指课堂，它是由诸多形式组成的。它是对校园足球课程整体实施过程的规划，也是后续校园足球课程教学计划设计的主要依据
评价建议	指的是对课程内容与实施的评价指向。包括对课程内容适宜性的评定，对教学中教师的表现，学生学习或练习情况的考核或评定等方面做出简单的评价建议

总的来看，校园足球课程纲要是对校园足球课程发展目标、各阶段学习任务、教学实施形式、课时的设置与组织、评价的方式等方面的宏观指导性规划。

（二）校园足球课程教学计划

校园足球课程教学计划是课程纲要的具体化形态。课程纲要中提到的一些宏观性规划最终是要通过更为具体的教学计划来实施的。为此，校园足球课程教学的计划就要切实做到详细地将课程纲要分解出来，确保课程得以展开和实施。

校园足球课程教学的计划通常会以教学周期为依据进行细化分类，即分为学年教学计划、学期教学计划、单元教学计划和课时教学计划四个层级(图 5-5)。

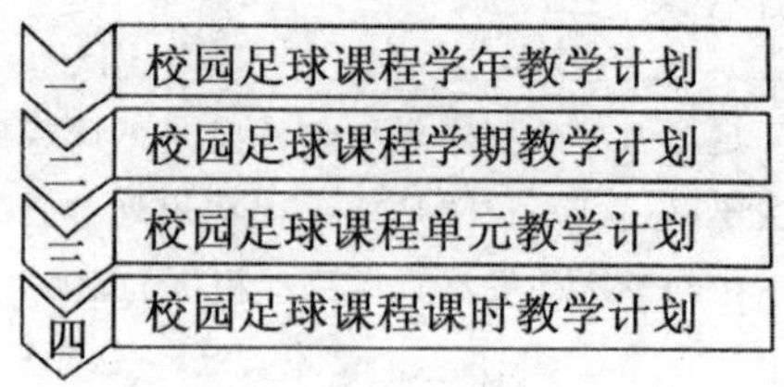

图 5-5

校园足球课程的学年、学期、单元、课时等教学计划彼此之间是一种逐级细化的关系。每个层级中的教学计划也是彼此存在着逻辑关系,环环相扣的。就一学年的校园足球课程教学来说,学年计划是其他低级别教学计划的总体实施依据,而处于最低一级的课时教学计划则是各层级计划的实际落实基础。

这里需要特别对最高一级(学年教学计划)和最低一级(课时教学计划)的校园足球课程教学计划具体分析一下。学年教学计划是一学年足球教学活动预期达到的目标、具体学习的内容、学习内容的组织形式、学习内容的课时设置和学习评价方式等方面的设计与安排。这些教学目标的达成都要靠课时教学计划的落实,由此可见课时教学计划对所有级别的教学计划来说都是最为基础的,它是对学习内容的操作过程。其具体会细化到每堂课要达到的教学目标、要学习的内容、教学组织形式、教学时间安排,甚至是场地器材的使用方式。鉴于此,对课时教学计划的制订更加需要考虑周全和遵守足球运动教学的规律。

(三)校园足球教材

教材制订的依据是课程标准,其是为教师和学生开展教学活动所用的,是学生通过学习行为后应掌握的基本材料。人们一般对教材的理解为,它就是特指教科书,但实际上教材所包含的内容远不止于此,除教科书外,教材还包括那些有利于教师和学生增长知识或发展技能的教学材料。由此也就确定了文字教材和视听教材两种形式,视听教材主要为视频、图片等。将教材的概念与校园足球教学相结合后就能确定校园足球教材的定义为，按照足球课程标准进行编制的且可供教师和学生进行足球教学活动的指导性材料。

从某个角度来说，教材是对教学计划的一种丰富，如果将教学计划比作骨骼，那么教材就是附着在上面的肌肉和皮肤，它将单一的内容赋予了灵动。从实践中看，教材是教学活动的具体指导文件，因此其也是教师备课、上课、布置作业以及学生学习、接受评价的基本依据。教师对教材的研究深度、把握程度与讲授能力是评价包括足球教学在内的体育教师教学水平的重要标准，而对于学生来说，教材是他们获取知识的主要来源，这也便于学生对所学的知识或动作技能进行学习。

第二节　校园足球课程设计的依据

校园足球课程的设计需要我们对其中涉及的因素进行综合考量与分析，这是校园足球课程设计的前提，也是校园足球课程具体目标制订、内容选择、编排以及组织时的主要依据，包括校园足球课程的目标、足球运动项目特点、学生的足球运动基础、学生的发展需求、教学环境等五大方面。

一、校园足球课程的目标

校园足球课程的目标是校园足球课程设计的根本依据，是校园足球课程最终所要达到的预期，是社会赋予校园足球课程的教育任务与诉求的具体化，在一定程度上也是以社会环境中的问题为导向提出的具体要求。校园足球课程的目的与目标包括运动参与、技能发展、身体健康、心理与品德等四个方面，并且每个方面还有具体的内容要求。这是校园足球课程在宏观层面的总体目标。由于我们课程设计的方案的层级不同，各级目标也有所区别。但总体来说，无论哪个层级的设计都应该紧紧地围绕目标要求来进行。

校园足球课程目标是以多元化的视角对学生的发展提出的要求，它是学生对校园足球课程学习的指引。因此，在进行校园足球课程设计时，教师要始终围绕校园足球课程目标选择内容，组织与编排课程，这样才能确保校园足球课程最终能够达到所期望的要求。

二、足球运动项目特点

足球运动是以脚支配球为主，两支球队在同一场地内相互攻守，激烈对抗，以射门进球的多少决定胜负的球类运动项目。它是世界上开展最广泛、影响最大的体育运动项目，被誉为“世界第一运动”。只有充分了解与分析足球运动项目本身的特点，教师才能够在设计课程时准确把握住足球运动项目学习的重要意义。

三、学生的足球运动基础

学生的足球运动基础主要由身体动作模式和身体技能模式以及足球运动常识、足球运动技术技能、身体素质等几个方面的表现情况构成(图 5-6)。

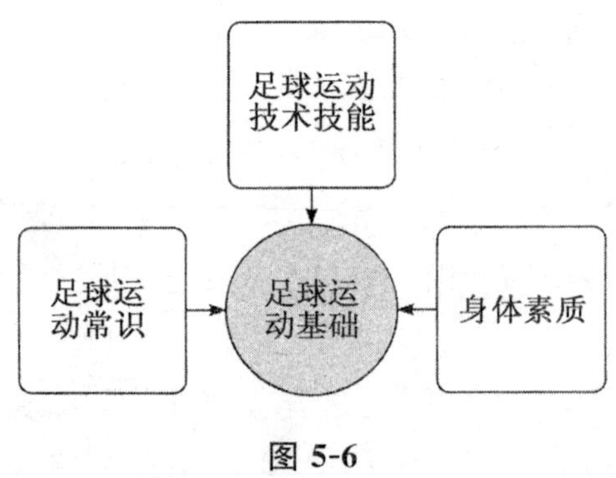

图 5-6

足球运动常识主要是指学生对足球规则、足球运动中所蕴含的精神与品质等方面的认识情况。足球运动技术技能主要是指学生对足球基本技术，以及对基本技术综合运用等方面的掌握情况。身体素质主要是指学生力量、耐力、灵敏、协调等方面的表现情况。

校园足球课程服务的主体是学生。对学生学习前的实际情况进行诊断，充分了解学生的足球运动基础，就是为了更好地掌握学生在足球运动常识、足球运动技术技能、身体素质等方面的真实表现，有利于课程设计，从而能够为校园足球课程的后续设计过程提供依据，使校园足球课程更加贴合学生的实际。

四、学生的发展需求

学生的发展需求是所有教育教学活动的出发点。因此，抓住并利用好学生身心发育过程各阶段中身体、心理、情感发展的有利因素，显得至关重要。本书第三章对学生各年龄阶段的身体、心理、情感的发展特点与规律进行了介绍。学生在不同时期都有其适宜发展的内容。例如，身体素质中的柔韧素质，其适宜发展的时期是5～9岁；又如，基本动作技能发展的敏感期是在儿童早期。学生各敏感期中所需要发展的内容则是学生最根本的发展需求，是促进学生健康成长的关键因素。

因此，通过了解与分析学生在不同的年龄阶段身体、心理、情感的发展特点与规律，教师能更好地把握不同年龄阶段学生在生长发育过程中的发展需求。这是校园足球课程设计的根本与基础，更是校园足球课程设计具有科学性的保障。只有符合学生发展需求的课程，才能顺应并促进学生发展。

五、实际教学环境

实际教学环境是一个由多种不同要素构成的复杂系统，是指影响学校教学活动的全部条件。对于校园足球课程设计来说，具体是指课堂、学校、所在地区的条件与氛围等环境。

课堂环境是教学的基础环境，其中需要考虑的包括师生互动情况、班风、学习氛围等。学校和所在地区的环境主要包括领导支持情况、场地设施情况、足球运动开展情况、文化氛围等。教师在进行校园足球课程设计前应对实际环境进行仔细调研，并分析这些环境因素带来的影响，这是非常有必要的。充分考虑地域差异、文化差异等实际情境，这样才能使校园足球课程在当地得到师生认可，并得以深入开展。

第三节　校园足球课程教学的实施

一、足球理论课的组织

足球理论课中安排的内容主要是与足球运动相关的理论性知识，包括足球运动的概念与内涵、起源与发展、特点与价值等。虽然足球运动是一门偏向运动实践的课程，但理论知识也是不可或缺的，对其的掌握可以很大程度上影响足球运动实践的效果和提高对技战术学习的效率。如此看来，要求学生学好足球理论课是增加他们对这项运动的了解深刻程度的最好方式，如此使学生得以将理论与实际相联系，指导足球运动实践。

足球理论课不同于实践课的教学方法，其所使用的教学方式与其他学科课程教学类似，即都是以课堂教学的形式完成的。不同点在于，足球理论课的课堂教学氛围也可以更加活跃一些，这要求教师要更善于使用灵活的教学语言，并加入启发性和诱导性语言来调动学生对足球理论问题的求知欲。

通常来说，足球理论课的课程步骤为：以提问或讲述的形式引出前次足球课的教学内容，然后讲授课程内容的主体部分，对其中的重点难点问题要做细致讲解，并结合提问、作业等形式强化学生对知识掌握的牢固程度。而在结束部分中，教师要对本次课中的内容进行归纳总结，特别是要再强调一下重点难点问题，如有需要还可以布置课后作业，作业的形式可以是理论式的，也可以是实践式的。

二、足球实践课的组织

（一）准备部分

足球实践课的准备部分是课程开始后的第一个部分，该教学部分的意义在于利用一些简单、灵活的身体活动，将学生的身体从相对静止的状态调动起来，达到适合运动的状态，如此可以为学生进入下一部分的学习做好充分的生理与心理准备。准备部分的活动组织形式一般为集体统一进行，至于该部分占课程时长的比例可根据课的任务、时间、学生身体情况和天气情况等酌情增减。

在足球实践课的准备部分中，具体的内容可以安排一些体育教学通用性的活动，如关节活动操、慢跑等，也可安排一些与足球运动专项有关的活动，如培养球感的游戏，或与足球战术有关联的线路跑练习等。准备部分中的活动要秉承小负荷和循序渐进的原则。

（二）基本部分

足球实践课的基本部分是主要教学内容的讲授和练习部分，该部分是全面发展学生身体素质、培养学生良好的心理品质和足球意识的主体部分。

在基本部分教学中，除了要讲授主要的教学内容外，还要对其中需要突出的重点难点内容进行细致讲解，结合教案和学生的具体情况来选择相应的教学方法和手段，同时还要布置必要的作业练习。在基本部分的教学方法选择上，大多数会以讲解法与示范法为主,之后要留出足够的时间供学生练习,教师在这个过程中要观察学生的练习表现,指出学生的不足,如发现一些普遍性的问题,还需要暂停练习,统一对这类问题做纠错讲解,以此不断让学生建立正确的技战术动作意识。

基本部分的具体教学步骤为:先学习新教材内容,然后巩固和改进已学内容,最后进行足球教学比赛和发展身体素质的练习。基本部分在教学课程中的时间是最多的,因此,教师需要在这部分教学中对时间予以合理分配。为了使教学更加高效,还需要充分利用学校足球教学资源,以让学生的学习和练习达到饱和状态。在制订基本部分的练习负荷量上也要根据学生的实际情况,重在提高学生的练习质量和效果,使学生能够以最佳的效率掌握足球运动技能。在此过程中,教师观察学生的学习和练习情况,将其中一些值得关注的情况记录下来,这可以成为日后教学改进和总结的重要依据。

(三)结束部分

足球实践课结束部分的主要任务是将学生的身体状态转换至相对安静的状态,使其不影响后续的学习或工作。这一任务的完成主要是通过集体活动的形式来进行的,通常为一些强度不大的整理活动或游戏。具体选择的内容则需要根据教学内容的性质、练习的强度与密度等灵活选择。

身体活动性的整理活动结束后,教师还要总结这堂课总体学习情况,以及简单评价一下这堂课的效果。另外,教师还可以点评个别学生的表现,或是找出榜样,或是找出典型的不足以供大家借鉴和注意。最后布置课后作业,预告下次课的主要教学内容。

三、讨论与实习课的组织

(一)讨论课的组织

足球讨论课在目前大多数校园足球教学中并不经常出现,

即便出现，也多是安排在足球理论内容的教学之中。足球讨论课是一种较为灵活的教学组织方式，它可以在教室中进行，也可以在场地中进行。讨论的目的在于提高学生的观察能力、分析能力和表达能力，促进学生在学习足球运动过程中的思考。为此，讨论的话题就可以非常多样化，只要与足球运动有关即可。这种讨论课最适宜在进行足球技战术分析，规则、裁判法等的教学时采用。

讨论课开始前，教师要确定本次讨论的主要内容，特别是要确定讨论是为了解决哪项问题，以及从哪个角度引导学生的思维。讨论课结束后，教师要做引导性发言，然后让学生发表对本次讨论课讨论话题的看法，此时应特别鼓励持不同意见的学生的发言，鼓励学生们的观点碰撞。最后，教师针对讨论做总结性发言，评述讨论的问题和学生的讨论情况。

（二）实习课的组织

足球实习课设置的最大意义在于能够提升学生对足球运动的综合实践能力。这其中不仅包括提升足球专项的技战术水平，更重要的在于提升其足球运动的教学训练、竞赛组织以及执法比赛等能力。

实习课的组织应贯穿在足球教学之中。每堂教学课的基本部分中都有不少练习和比赛的安排，在这个环节中教师就可以指定几位学生担任教学助理或比赛裁判（边裁或主裁）等，以此锻炼学生在足球运动领域中的综合能力。

教师在组织实习课的前、中、后期都有不同的重点工作。实习课的课前，教师要确定参与这次实习的学生人数，告知其即将开始的任务；实习课的课中，教师要对实习学生的表现做好记录；实习课的课后，教师要对学生实习的表现进行评价，同时也不能忽视其他学生对实习学生表现的评价。

第四节　校园足球课程教学的评价

一、足球教学评价的原则

足球教学评价的原则是开展足球教学评价所必须遵从的基本准则，它集中体现了足球教学评价的指导思想和基本要求，是足球教学评价规律的反映，并在教学和教学评价的过程中不断发展，不断完善。

（一）正确导向

足球教学评价工作必须坚持正确方向，通过足球教学评价使教学工作更好地培养全面发展的人才。实现足球教学评价正确导向的关键，是建立正确的评价标准，合理地设计评价指标体系，恰当地确定权集。足球教学评价是一种教学价值的判断，不同的评价标准来自于不同的教学思想、不同的教学价值观和人才观，而评价的指标和评价结果都会对以后的教学工作产生明显的指导作用。因此，足球教学评价的设计者和使用者，首先要端正教育思想，要与国家的教育法规、课程标准精神相一致，符合足球教学的规律，确保教学评价导向的正确性。

（二）富于可操作性

富于可操作性是指要在保证导向正确、科学合理的前提下便于教学的开展，且方式方法有利于推广和实施。足球教学评价的目的是客观辨别教学目标是否完成，而将种种小的教学评价汇总起来，也就成为了促进教学改革的依据，这些足球教学评价的功能都指向了其在操作中的简便性。过于精细、严谨、投入较多资源的评价方法尽管在最终评价的结果上更为精确，但较复杂和消耗较大的操作总是欠缺可操作性，这阻碍了其推广性。

要想在足球教学评价中贯彻可操作性的原则，应做到如下几点。

(1)评价指标要少而精，但需要确保指标的科学性。

(2)从足球教学实际和需求出发，评价要有层次区别。

(3)从事评价工作的教师或人员要具备一定的专业素质和能力，以确保评价前期的信息收集工作和正式的评价工作全面、系统、客观、公正。

(三)科学合理

科学合理是指足球教学评价要在符合足球运动教学规律的基础上开展，评价过程中要务必实事求是，做到科学合理，最大化避免主观人为因素对评价的干扰。为此，在评价时要做到如下几点。

(1)制订不同级别校园足球教学的评价指标体系。

(2)注重对足球教学评价的研究，确定科学合理的、符合足球教学规律的评价标准与体系。

(3)将现代教育研究和科学发展成果运用到足球教学评价之中，以此确保评价信息的收集和处理工作更加科学合理。

(4)评价标准的设定要力争将技战术内容全面包含其中，对技战术纳入指标中的数量和占比不应太过区分三六九等。

(5)在素质教育和成功教育的理念影响下，对不同类型的学生的评价要有所区别，以此让他们都能从学习和最终的评价结果中获得自信和成功感，这对学生不断提升足球运动兴趣是非常有好处的。

(四)定性评价与定量评价相结合

足球教学中有许多评价的标准并不能全靠量化的方式展现出来，如学生学习的态度和对足球运动的热衷等。尽管这些标准不能完全体现在对运动技能的掌握上，但也能从一个侧面表现出学生对足球的态度和情感。因此，将一些非量化的定性评价纳入到评价方式之中，使两种评价方法相结合也是非常有必要的，如此才能使教学评价合情合理，也更真切地反映学生实际的学习情况。

（五）静态评价与动态评价相结合

静态评价主要评价的是学生已达到的学习水平，而动态评价则是对学生发展状态的评价。在实际足球教学评价中，只有将两种评价方式结合起来，才能获得最佳的评价效果。

（六）单项评价与综合评价相结合

单项评价与综合评价相结合进行评价，就是要在对学生进行侧面评价的同时加入对其完整系统的评价，如此可以使评价结果更加准确和客观。

二、足球教学评价的基本程序

（一）足球教学评价指标的设计

（1）分解足球教学目标，初拟评价指标，如教学领域及目标、教学内容、教学方法、教学效果等；再分解出更为具体的二级指标。如将“教学方法”分解出条理清楚、示范得当、联系实际、指导得法等，再按优劣区分出 A、B、C、D 四个等级的三级评价指标，组成足球教师教学质量评价指标体系。

（2）归类筛选，对初拟的指标进行归类和筛选，通过取主舍次，合并同类，去难存易等方法使之“少而精”，不仅便于操作，也能确保评价的有效性。

（3）确定指标体系权集，根据各项指标的重要程度来确定它们的权重和权集，为量化分析做准备。权集是确定各指标同评价结果之间重要程度的关系集。权重是相应的指标对达到目标的影响程度。

(4)专家论证,从理论和实践上证明指标是符合评价要求的。

(5)试行修订,先小范围试行,必要时对指标体系再做修改,使之更加合理。

(二)足球教学评价的实施

足球教学的评价有时候是为了不同目的而开展的,为此,也就需要相应的教学评价实施方法。常见的对不同目的开展的教学评价主要有对学生各项技战术掌握质量的评价、对学生综合足球运动实践能力的评价,甚至还有对足球教师教学质量的评价等。

(三)足球教学评价结果与反馈

教学反馈是教学活动开展之后所呈现出来的结果,如学生对教学内容的掌握多少,掌握的程度等。这是调整教学活动和修改教学计划的重要依据。在足球教学中,足球教学反馈有形成综合判断、分析诊断问题和收集资料三个环节。

1. 形成综合判断

形成综合判断的方式为根据评价产生的结果形成综合性的意见,以此作为判断是否达标的结论。例如,教师在教学结束部分对教学做出的总结、给学生学习情况进行打分等都属于综合判断。如果是非常重要的评价,则还需要形成评价报告文字材料。

2. 分析诊断问题

事实上,评价的目的是改进教学,为此,诊断到问题是非常关键的。例如,对学生足球技战术学习的成果进行诊断,可以找到其中积极的一面和不足的一面。此后则可以以此为依据总结得失,扬长避短,如此可以对日后的学习起到激励作用。对教师的诊断主要为对教学行为进行分析,当发现原教学计划中的不足,或增添新的信息，或想到了新的策略和教学方法等，在教案上做记录或修改，以此使教学过程不断优化。

3. 收集资料

在一些评价中会获取一些有典型性的学习案例，这些典型案例有可能是成功的教学结果，也有可能是失败的案例。但不论成功还是失败，这些具有典型性的资料都会成为日后足球教学开展的直观教学资料。

三、足球教学评价的内容

（一）对教师教学的评价

足球教学课程的核心内容是教师向学生传授足球知识与技能以及学生的学习与练习，由此也就确定了教师的教学行为是足球课的主要评价指标。而在对此进行评价时应注意下列几点问题。

(1)所安排的教学内容是否遵循学生的身心发展规律以及是否符合足球运动教学的规律。在教学内容的安排上要给学生明确哪些知识和技能是必须掌握的。

(2)考查教师讲解课程内容的能力，要求讲解语言要清晰、准确，声音洪亮，内容正确，方式得当，注意知识的科学性和内在联系。另外，讲解还要做到方式灵活，语言通俗易懂，简明扼要，突出重点，具有启发性。

(3)动作示范是否明确。足球运动教学的内容涉及大量技战术的内容，这些内容只通过语言讲解是难以理解的，因此，示范就显得非常重要。教师可先给学生做完整示范，这样可最快给学生建立起一个完整的动作概念，然后抓住难点、重点做重点示范，分解示范等，如此细化动作，让学生对动作有更深的理解。

(4)示范是否正确，优美。正确、优美的示范可以建立起学生对动作的正确表象认识，特别是对于一些有一定难度的动作，示范就更显重要。而动作的优美是对学生感官的一种冲击，如此能激励他们对足球运动充满信心和热情。另外，良好的示范并不是单独存在的，其要与讲解相结合，力求达到当学生想看的时候刚好就有示范。示范要能给学生展现什么是正确的动作，什么是错误的动作。在做这些示范时，教师还要注意方向和角度，以便让所有学生都能清晰地看到示范动作。

(5)是否有力地指导学生的练习；是否采取了合理分组；是否及时发现学生在练习中出现的问题以及是否及时对问题进行了纠正等。

(6)是否按教学计划顺利完成了教学内容的传授任务，并使70％以上的学生对教学内容的掌握达到良好水平，使90％以上的学生达到基本掌握水平。

(7)是否做到了有效防止意外伤害事故的发生。

(二)对学生技术练习质量的评价

学生在足球教学中学习到的内容大多数为足球技术或战术，对这方面进行的评价是非常重要的，即评价学生足球技术掌握的程度。为此，评价需要结合不同技术练习的特点和教学训练的任务来制订具体的评价内容与方法。鉴于足球技战术种类较多，其特点与属性有所差别，这里就简要分析几种常见的对技术掌握质量的评价标准。

1. 动作的准确性

动作的准确性要求学生完成的技术动作要完整准确，动作符合要求。对动作准确性的评价一方面要从整体动作来看，另一方面还要从动作环节来看。另外，对动作做出后的实际效果也要有一个评定。

2. 动作的经济性

动作的经济性要求学生以最小的消耗来完成动作。要想做到这点，需要刻苦练习，掌握动作的表象和实践规律，消除不必要的肌肉紧张和无效动作，如此可使动作更加富有节奏，能耗降低。动作的经济性是动作质量本身的要求和标志，是评价技术动作质量的重要指标。

3. 动作的协调性

动作的协调性要求学生在完成动作时身体或身体的某个部位协调配合。动作的协调性、经济性、准确性三者是密切相关的，如果技术动作不协调，就会大大影响经济性与准确性，如此从整体上看，这种动作也就谈不上是高质量的动作了。

4. 动作的缓冲性

动作的缓冲性要求学生完成的技术动作要富有弹性和缓冲性。在足球运动技术中，有很多动作的最后都有一个随动缓冲的阶段。这一动作有些并不完全是辅助的，而是动作技术中的一环，或起到重要的身体保护作用。缓冲动作能表现出完成动作的合理性、正确性，因此是评价技术练习质量不可缺少的指标之一。

第六章　校园足球课程教学理念与目标的设计

在校园足球教学中，教师要想组织好教学过程，首先就要建立在一定的教学理念基础之上，同时还要有一定的教学目标为依据，否则就容易走弯路，影响足球教学的效率和效果。因此足球课程教学理念与目标是非常重要的两个方面，足球教师在开展教学活动之前，一定要结合具体的教学实际设计合理的教学目标，在正确的教学理念指导下开展教学活动。

第一节　当前体育教育的三大教学理念

随着现代学校教育的不断发展，教学理念得到了极大的更新，我们要跟上时代发展的步伐，将这些先进的教学理念贯彻进足球教学之中。

一、"以人为本"教学理念

（一）"以人为本"思想概述

"以人为本"思想在现代社会获得了极大的关注和发展，其思想理论基础是现代人本主义教育思想，该思想的提出对"以人为本"的体育教育思想的形成具有重要的决定性作用。目前，"以人为本"的教育思想在学校教育中得到了极大的贯彻，成为重要的教育理念。

随着科学技术的不断发展，人们获得了比以往更多的便利，无论是生活、学习还是工作，在科学技术产物的辅助下，都大大提高了效率，获得了快速的发展。但需要注意的是，科学技术在带给人们实惠和便利的同时也在一定程度上带来了一些负面影响。为了反对科学主义给人们带来的影响，现代人本主义思想就应运而生了。

具体而言，“人本主义”教育思想的特征主要体现在以下几个方面。

1. 追求学生的自我实现

学校教育的主要目标就是要实现自我，促进人格的完善与发展。人格的完善是人的全面发展的重要一方面，主要包括人格的整体性与人格的创造性两方面。人格的整体性对于人的全面发展非常重要，主要体现在人学习的整体性上，学生的自我与环境、情感和智力在学习的过程中有机地结合起来。教育者所要做的就是要促使这两种因素有机结合。人格的创造性主要是指人的性格、个性以及个人整体的充分发展等方面。作为教育者，要不断挖掘受教育者的潜能，促进其个性和创造力的发展，其最终的目的是培养一个敢于追求、勇于创新的人。总之，“人本主义”教育的根本理念就是培养人的创造性。

2. 尊重学生的自由发展

“以人为本”的教育思想非常强调人的自由与个性化发展，学校教育要为学生提供各种各样的机会去发展自己。在学校教育中，并不是所有的课程都适合所有的学生，教育者要设计各种不同的课程方案，以满足不同学生的个性需求。总之，在具体的足球教学实践中，教师要从学生自身知识结构、情意因素和认知因素等方面合理设计足球课程的内容，以促进学生的个性化发展。

3. 尊重学生的情感体验

“以人为本”教育思想主要强调以学生为中心，主张学生在教学过程中发现自我，建立自信心，发展个性，实现价值。因此，学校要为学生营造一个良好的人际交往环境，给予学生充分的信任，帮助学生在各方面获得健康的发展。

总之，“以人为本“的教育思想非常强调学生的个性发展，在一定程度上否定了教师的权威性，主张在教学过程中要以学生为中心，培养学生的个性和创造力。这表明了时代的进步性，对人才的发展起到了非常重要的作用。

（二）“以人为本”教育思想与学校素质教育

随着时代的不断发展，“以人为本“的教育思想在学校中得到了极大的传播，对学校体育教学产生了重要的影响，这一影响主要体现在以下几个方面。

1. 对教育促进人的价值实现的统一认识

传统教育非常强调教育的社会价值，随着人们认识水平的不断提升，人们逐渐认识到这种教育是对其本质属性的违背。体育的过程是培养人的社会性活动，人是教育的出发点，也是最终归宿。如果教育缺少了对人的社会性的培养，则其就失去了其所具有的独立存在的价值和本质特征，同时其所具有的社会价值也就成为一种空谈。

“以人为本”的教育思想要求教育应该为实现人的价值服务，一定要非常重视加强对人的主动性和创新精神的培养，这样才有可能更好地体现出教育的社会价值。素质教育的实施方针是“坚持实现自身价值与服务祖国人民的统一”，而素质教育最根本的目的则是实现学生的个性化发展。

2. 对关注学生体验的体育课程观的重视

发展到现在，我国体育课程结构不断完善，相应的课程内容也在不断缩减，难度逐渐降低，与社会生活现实之间的关系也日益紧密，也体现了教育促进学生发展目标的实现。

3. 强调尊重学生主体性的教学观

“以人为本”非常注重学生在学习中的主体地位。而以往的体育教学则十分注重教师的主导作用，这非常不利于学生主动性的学习。而在“以人为本”的体育教育思想指导下，能很好地培养学生学习的积极性和能动性，能有效促进教学质量的提高。

（三）“以人为本”教育思想对体育教学的意义

1. 对体育价值的重新定位

“以人为本”的体育教育思想要求在体育教学过程中要“以学生为本”。在现代体育教学中，“以人为本”的体育教育思想为人们思考学校体育教学的价值提供了指导。学校体育的根本出发点与落脚点是“育人”，它是现代教育的重要组成部分。但很长一段时间以来，人们总是在理解体育科学化的基础上，采用生物学的观点来对学校体育的价值做出判断，并且过多地关注学校体育“增强体质”的功能。另外，随着现代社会的不断发展，实用主义对学校体育产生了非常重要的影响。在现实社会中，学校体育并没有对学生充分的情感体验与创造性的培养，对于学生的个性的发展也存在很多不足之处。

从本质功能的角度来讲，学校体育首要的本质功能就是要增强学生的体质，社会需要使得学校体育为经济发展和社会政治服务成为必然，但是这些并不是唯一的。当前阶段体育教育的改革应该在增强学生体质的基础上建立多元化的体育教学价值体系，但是最终的落脚点还应该是“以人为本”。

2. 对体育教学理念的更新

生物体育观是传统体育教学发展与改革的基础。在新的历史时期，我国体育教学改革中逐渐出现了“学习领域目标”“课程目标”等很多新的概念。在教学过程中，对教学目标也进行了多方面的层次和类别划分，确立了“身体健康”和“运动技能”两个最为基础的目标，并且在此基础上确立了“心理健康”和“社会适应”等多方面的新的目标。20世纪初以来，西学东渐，科学发展，师夷长技，补我不足，而传统文化优势丢失，重科学轻人文倾向较重。

随着现代学校教育的改革与发展，人文精神逐渐在回归。在开展大学管理、教学等方面的活动时，僵化的行政观念模式正在逐步松动，并且处处体现着“以人为本”“关注人自身的发展”的印记。在教学过程中，体育课堂从教师示范、学生学习与练习的循环中解脱出来，并将其他所需要达到的目标穿插其中，从而让教学环境更加生动形象。

3. 对学校体育目标的重新建构

在传统的体育教育背景下，教学的目标是增强学生体质、提高运动技能、掌握“三基”与德育，而随着时代的不断发展，学校体育目标逐渐多元化，这需要加强体育教学目标的重新建构，以为学校体育教学提供重要的前进的方向。

在构建学校体育教育目标的过程中，要综合各方面因素考虑，不能仅仅将技术与身体素质教育作为全部的内容，而是要向学生的全面协调发展转移，这些都体现出我国在学校体育改革中更加注重学校体育目标的人文性。

4. 重新调整体育课程内容

体育教学大纲非常注重教学内容的灵活性与教育性，并在促使学生养成良好的体育习惯、弘扬民族文化、符合学生身心发展特点方面进行了很大程度的改进。我国的体育课程正处于不断的发展之中，但是其并不能完全满足素质教育的需求。因此，在当前阶段应该对体育课程内容进行多方面的调整，具体内容主要包括以下几点。

(1)趣味性:趣味性具体包括两层含义。首先是要选用那些受学生欢迎、生动有趣的教学内容,其次是要引导学生认识教材当中介绍的锻炼价值,使学生对教材产生兴趣,并积极主动地学习。在课程改革过程中,要充分利用学生的好奇心,激发其学习的兴趣。

(2)创新性:体育课程的内容还应提供广阔的空间以发展学生的创新精神。

(3)适用性:课程内容的设置要侧重于对学生的终身体育能力的培养,加强与社会和生活的联系。

(4)普及性:课程内容对一些竞技体育项目中不适合该年龄阶段学生的技术要领、规则、器材和设施要进行相应的改造,并使其更有利于在全体学生中普遍开展,更具有健身价值。

(5)迁移性和灵活性。体育教学内容应以学生为本为出发点,使得教学内容有较大的选择余地。

5. 对学校体育教学的重新认识

在"以人为本"的体育教学思想下出现了很多新的教学观念,如成功体育教学理念、快乐体育教学理念、终身体育教学理念等,这些教育思想主要有以下特点。

(1)尊重学生的主体性地位

在新的教育理念下,学生的主体性地位受到了极大的重视,培养学生的独立性,建立学生的自信心成为重要的教学目标之一。在体育教学活动中,学生是活动的重要主体,一切都要围绕学生而展开,教师要结合学生的特点和实际合理安排一切教学活动。在教师的指导下,学生主体应积极发挥自身的能动性,积极主动地参与教学活动。

在体育教学中,遵循学生的主体性原则,其原意主要有两方面:一方面,学生主体性原则非常符合现代学校素质教育的要求,符合学校教育的本质;另一方面,学生是体育教学的目标受众,学生只有提高学习的积极性和主动性,才能获得理想的教学效果。

(2)注重培养学生的创新精神

随着学校教育的不断发展,出现了大量的体育教学模式,在学校中都得到了传播与发展,如情景式教学、发现式教学、快乐式教学以及创造式教学模式等深受教师的喜爱,对于激发学生学习的兴趣,提升学生的创造力都具有非常重要的作用。

(3)注重学生个性化的发展

培养学生个性,促进学生的个性化发展是现代学校教育的重要目标之一。在体育教学中,培养学生的个性,应注意以下几个方面。

第一,尊重学生的选择,满足学生的各种学习需求。

第二,变被动为主动,由机械性学习变为有意义的学习。

第三,营造良好的课堂教学氛围,为学生提供良好的学习环境。

总之,如何全面地培养学生的个性等问题已成为现代体育教学改革的重要话题。作为一名体育教师要与时俱进,采取先进的手段和措施培养和发展学生的个性。

二、"健康第一"教学理念

(一)"健康第一"思想概述

"健康第一"也是现代体育教育的重要思想,体育教师在安排教学活动的过程中,一定要坚持这一教学理念,做好体育教学的内容安排,选择合适的教学方法组织教学活动。在学校体育教育中,只有将"健身"与"育人"结合起来才能实现体育教育的目标,也才能实现"健康第一"的目标。

现代科学技术的发展在带给人们实惠与便利的同时也带来了诸多的社会文明病,同时也深深地改变了人们的生活方式,危害着人们的身心健康。如今人们的体力劳动大大减少,饮食也不断丰富,在这种优良的环境下,大部分人包括学生变得越来越懒散，身体机能逐渐衰退，从而导致了诸多的现代文明病，因此加强学生的体质教育，促进其身心和谐发展是一个重要的社会课题。将“健康第一”教育理念贯彻进学校体育教育之中是尤为必要的。

（二）“健康第一”教育思想的基本特点

“健康第一”教育思想的内涵非常丰富，主要有以下几个特点。

(1)促进学生身体健康是学校体育教育的首要目标，“健康第一”思想也是同样的观念。

(2)健康不仅仅指的是身体上的健康，还包括心理上的健康，追求身心的和谐发展。同时，社会适应能力也理应受到重视。

(3)学校要重视学生的德育、智育、体育等各方面的教育，促进学生的健康发展。

（三）“健康第一”教育思想对体育教学的意义

在“健康第一”体育教育理念的指导下，学校体育课程内容大多围绕这种思想展开，教学重点发生了一定的变化，逐渐从“单纯的技能传授、重视学生体育技能发展”向“促进学生身心健康发展和社会能力的提高”方面转变，这对学生的全面发展具有非常大的帮助。总体而言，“健康第一”教育思想的意义主要体现在以下方面。

1. 能进一步明确体育教学目标

在新的时代背景下，“健康第一”的教学指导思想对体育教学目标的完善与发展提出了新的要求。很多学者及专家充分认识到，技术教育和体制教育并不能完全作为学校体育实践的重心，应该把重心从以往追求技能发展转向追求学生的全面发展。这体现出学校体育教育目标的人文倾向。

体育教育具有重要的“育人”功能，这同时也是我国学校体育教育的重要目标之一，但在具体的实际教学中，这一目标常常被忽略，这需要引起重视。

2. 促进体育课程体系的调整

在学校教育改革中，课程体系改革非常重要，课程体系的改革可以使教学内容更加丰富多样，还能够更好地满足社会发展与学生进步的多方面需求。但是，在体育教学实践过程中，在设置相应的教学课程时，学校所采取的措施还存在很多不足之处。在学校教学过程中，很多学校都会牺牲体育教学的时间用来进行其他学科的教学，而且在教学过程中体育课的上课时间也并不好，不能够很好地满足学生的体育锻炼需求。

在“健康第一”科学体育教育教学思想的指导下，很多教学中的问题都得到了很好的改善。在设置体育课程时，学校也非常注重学生各方面发展的需求，并且在课程中逐渐将学生作为课程中的主体。教师在进行体育课程设计时要结合学生的特点和实际进行，为学生选择丰富多彩的体育教学内容。在体育教学过程中，教师要遵循学生身心发展的规律，采取各种手段激发学生学习的积极性，确保学生在身心发展方面都能获得提升。

3. 优化与改进体育教学方法

体育教学方法是促进体育教学过程顺利开展的重要要素，在“健康第一”思想的影响下，在体育教学过程中通过多种形式的改革不断改进体育教学的手段，逐渐实现体育教学为提高学生参与体育积极性和主动性的调动，使学生从主观上重视体育对健康的促进。在体育教学过程中，学生应该得到更加全面的发展，这需要教育工作者对学生的素质教育给予高度的重视。

体育教师在具体的教学实践中，通过不断创造和探索生动有趣的教学方法，能使学生在参与教学活动的过程中体验到真正的乐趣。这能有效激发学生学习体育运动的热情，从而提高教学质量。

在进行体育课程改革的过程中，需要加强体育基础设施的建设与完善。通过学校体育基础设施的建设，才能为学生提供良好的锻炼场所，从而培养终身体育锻炼的意识和习惯。

4. 建立与完善教学评价体系

在“健康第一”教学理念的影响下，体育教学的评价应以学生体质增强、身心健康发展为重要评价指标。随着我国体育教学评价体系逐渐发展和完善，新的评价体系不仅注重对学生进行全方位的评价，同时还注重对教师教学方面的评价。在教学过程中，评价者开始注重“区别对待”的原则，针对不同的学生进行有针对性的评价。

在评价学生的学习效果时，教师首先要对教学效果进行量化分析，将定性评价和定量评价结合起来进行，提高评价的科学性和有效性，这样能得出客观和准确的评价结果，为学生提供良好的学习动力。

对学生的评价不仅要重视对技术技能的评价，还要注重对学习态度、情意表现、意志品质等方面的评价，提高评价的综合性，这样有利于得出准确客观的评价结果。除此之外，在构建足球教学评价体系时，不仅要注重评价的科学性和可操作性，还要在评价中给予学生必要的人文关怀。在每堂课完成后，体育教师都要及时回顾每一位学生的出勤情况及所有隐性情感的表现，并做出较为客观的记录和评价，并通过各种手段考察学生的情感态度的变化和进步程度，这样才有利于激发学生学习的动力，提高教学质量。

三、“终身体育”教学理念

(一)终身体育的内涵

终身体育是指个体终身从事身体锻炼和接受体育教育的过程，一般情况下，终身体育主要包括以下两方面的内容。

一方面,终身体育理念要求人们要正确认识和理解终身体育锻炼后产生内在需求,形成强烈的自觉参加体育锻炼的意识和习惯。

另一方面,要将终身体育锻炼的意识和习惯始终保持下去,贯穿人的一生。

我们也可以从以下不同的方面来进一步解读终身体育。

(1)以时间而言,终身体育要适中贯穿于人的一生。

(2)以活动内容而言,终身体育运动项目多种多样,人们可以根据自己的兴趣和爱好自由选择。

(3)以参与体育锻炼的人员而言,终身体育锻炼适合全体人民群众。

(4)以教育而言,终身体育是提升国民素质的有效手段,值得推广和提倡。

(二)终身体育的体系构成

终身体育的内容非常丰富,发展至今已形成一个完整的体系,体系内的元素众多,下面进行重点的分析。

1. 构成人群

在学校教育中,终身体育系统内的内容非常丰富,涵盖各方面的要素。总的来说,系统的构成人群主要包括广大教师、学生、家长及管理人员等。学校管理者要为参与者提供良好的体育锻炼的空间与机会,不断提高其锻炼能力,这是终身体育发展的重要前提和基础。

2. 构成空间

在学校教育中,每一名学生都离不开家庭、学校和社会等发展的空间,这些空间对学生终身体育意识和习惯的养成都具有非常重要的影响。学校教育是学生个体成长与发展的重要阶段,对学生来说,在这段时期内,不论是身心素质的发展,社会适应力的培养，还是世界观、人生观和价值观的形成，学校教育都起着非常重要的作用。

3. 习惯养成

终身体育中的习惯养成是指体育观念、体育兴趣和体育氛围，培养学生良好的体育观念和兴趣，营造良好的体育氛围是终身体育教育的重要基础。

4. 锻炼能力

体育锻炼能力主要由体能、技能和智力等要素构成。人们在参加体育锻炼的过程中，需要结合自身的特点和具体实际合理选择合适的身体练习方法，安排适宜的运动负荷，确保良好的锻炼效果。

图 6-1 是终身体育体系构成图。

要想提高体育教学的效果，首先就要充分了解学生在终身体育意识形成的过程中需要具备哪方面的要素，并对这些要素进行细致的分析，然后合理设计锻炼的内容，选择适宜的锻炼方法和手段，将终身体育理念充分贯彻于体育教学之中。

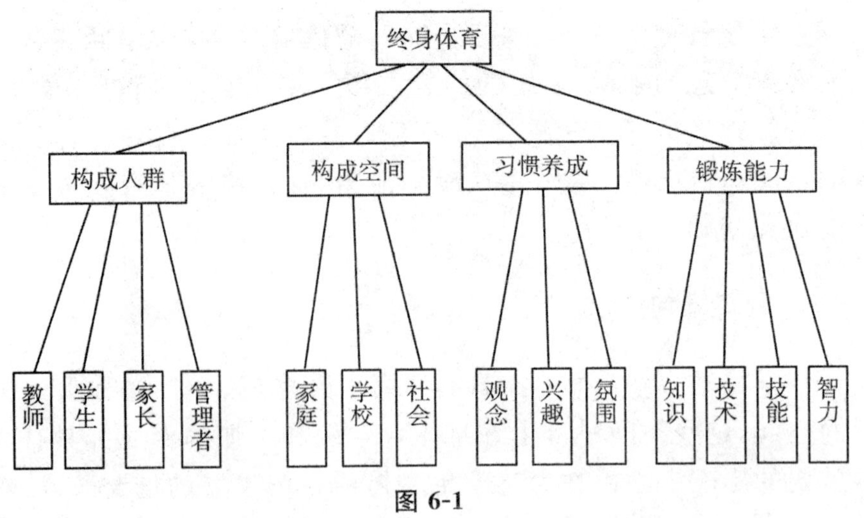

图 6-1

一名合格的体育教师必须要事先全面地了解学生的个性特点和学习情况，根据学生的具体实际进行改革，从而促进体育教学的发展与完善。

在任何体育课程教学中，都要将终身体育的理念贯彻其中，一个良好的终身体育教学体系如图 6-2 所示。

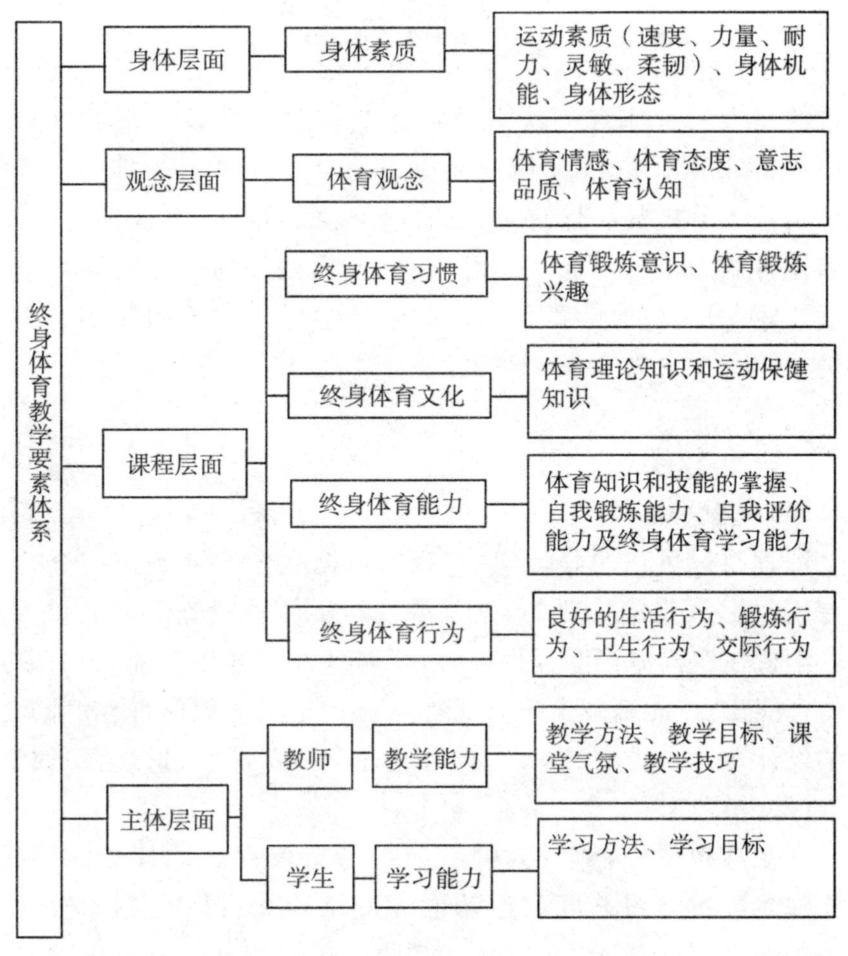

图 6-2

(三)足球教学中“终身体育”教学理念的应用与优化

1. 观念优化

要想提高学生终身体育锻炼的意识，首先就要让学生充分了解体育锻炼的好处。体育锻炼有利于促进学生的身心健康、智力发展、社会适应能力的提高、学习效率的提高以及生命质量的提高。学生只有认识到了体育锻炼的好处，才愿意自觉参与体育锻炼，自觉学习体育知识，掌握体育运动技能，自觉为自己的健康而努力。这就要求在足球教学中始终加强学生体育意识的培养和提高。

意识可以说是反映人的心理发展水平的最高形式。体育意识指的是人们对体育的认识及在体育实践中表现出来的思想观念。在足球教学中，学生所表现出来的一切体育行为都是以体育意识为基本前提的。体育意识的内涵主要包括体育认识、体育情感和体育意志三个方面。总之，要想养成良好的体育锻炼习惯首先就要建立良好的体育意识，教师在教学过程中要引导学生树立正确的体育观念和意识。

2. 课程优化

(1)课程目标

课程目标可以说是教学的起点，依据教学实际确定一个合理的课程目标是非常重要的，这是激发学生体育锻炼动力的重要前提。学校在设置体育课程目标时，要客观评估学生体能、体育基础与体育能力，在此基础上确立目标。在实施目标教学前，教师需先科学设计教学方式及内容，在教学过程中依据课程目标组织教学。

(2)课程内容

在足球教学中，体育教师不能仅仅只重视足球技能的传授，还要注意学生学习态度和运动能力的培养。可以在足球教学中多采用一些富有趣味性的游戏练习，这样能充分激发学生学习足球的积极性，有利于学生终身体育意识的培养。

(3)课程评价

在足球课程评价方面，要综合各种评价手段与方法，建立一个综合性的合理的评价体系。终身体育思想突破了以往只重视对运动技术、运动能力进行评价的评价模式，强调综合评价学生的体育态度、兴趣，终身体育意识、习惯和能力，建议构建新的有机融合显性与隐性评价方式的评价模式，这对于学生学习积极性的提高具有非常大的帮助。

3. 主体优化

在学校足球教学中，教师的教学能力在一定程度上影响着教学质量。因此作为一名足球教师，要不断调整和完善自己，树立新的教育观念和自我专业发展意识，不断提高自身的专业素养，增强自身的专业能力。在具体的教学过程中，足球教师还要加大对学生自我锻炼能力的培养，促进其进步与发展。

为了实现预期的足球教学目标，足球教师要在教学过程中采用以学生为主体的目标教学模式进行教学，要善于采用合理的教学手段引发学生积极思考，提高学生独立解决问题的能力。学生在遇到难以完成的技术动作时，教师要善于启发，加深学生对正确动作的印象，帮助其提高学习能力。

第二节　先进教学理念在校园足球课程教学中的应用

先进的教学理念对于足球教学质量的提高具有重要的意义，因此足球教师要与时俱进，采用各种先进的、有利于提高学生足球运动水平的教学理念，在此基础上开展教学活动。

一、现代足球战略性教学理念的运用

（一）现代足球培养目标的理念内涵与实际问题

1. 现代足球培养目标的理念内涵

很长一段时间以来，在一些足球学校中，我国足球的教学以

及球员的培养过于追求比赛成绩，青少年的个人优点和特长得不到发挥，教练员的执教思维得不到发展和创新。

对于学校的高水平足球运动员而言，在培养的过程中，应将足球运动员的比赛成绩、个人技战术水平、场上应变能力结合起来，挖掘足球运动员的最大潜力，注重其能力的培养，而不是只注重比赛成绩。这一点要引起高度重视。

2. 现代足球教学训练的实际问题

(1)以球员体能为重要依据

选拔具有一定潜力和运动水平的运动员是非常重要的。大量的实践表明，应根据足球运动的特点和对运动员的具体素质要求来选择运动员，重视选材的准确性和科学性，重视运动员的足球意识、观察能力、协调性等特质的挑选，而不是只强调运动员的身材和运动技能。

(2)以参加大赛为重要战略部署

由于运动员之间一年的训练成果差距很大及教练员过于重视球员在重大比赛中的成绩，因此我国各梯队足球运动员中，各年龄段中小一岁的运动员较少，致使我国足球运动员的培养存在着短期行为，这非常不利于我国足球运动的长远发展。

(3)教学与训练内容单一

由于我国足球运动员的体能素质较差，在一些足球学校或普通高校的高水平运动员中，很多教练员都将足球训练变成体能训练，以最快速度地提高运动员的比赛能力为目的，而不遵循足球运动员的生长发育规律和足球发展规律来进行系统的训练。足球训练只重视眼前比赛利益。训练内容不全面造成了我国足球运动员的技战术能力的缺失，因此今后一定要紧抓这方面的培养。

(4)不能全面认识足球意识

足球意识在足球训练和比赛中都扮演着十分重要的角色，足球技术要靠机体肌肉的运动来完成，而机体的各种动作受大脑的支配，因此，身体是足球意识的遵从行为，足球意识是足球运动的最重要的因素。在足球教学训练中应重视运动员足球意识的培养，但这一点受到很多教师的忽略，需要在今后的教学与训练中加强足球意识的培养与训练。

（二）现代足球战略观念和训练理念的结合

现代足球战略性的发展理念在学校中的具体应用应做到战略观念与训练理念相结合，二者不可偏废其一，具体如下。

1. 足球战略观念主导足球战略决策

足球战略观念与足球决策之间有着十分密切的关系，可以说足球战略观念主导足球战略决策，而足球战略决策决定着足球战略的结果。学校足球教学理念是否具有科学性和先进性，决定着我国学校青少年足球的发展模式、发展水平和发展方向，因此，必须从根本上改变学校足球训练的理念，促进学生多方面的发展和提高。

2. 足球教学或训练理念能指导足球实践

足球教学训练理念对足球实践具有一定的指导作用，它是足球教学或训练活动进行的重要基础。足球训练是一个长期的过程，我国的足球运动，尤其是青少年足球运动都证实：运动训练及比赛成绩的落后在很大程度上是由于训练指导理念的落后和不规范、不系统。因此，构建先进的足球训练理念是学校足球运动不断发展、创新的前提，也只有这样，才能培养出高质量的足球人才。

二、现代足球操作性教学训练理念的运用

（一）现代足球操作性教学训练理念的内涵

现代足球操作性教学训练理念是指学校足球教师在教学训

练过程中，对学生的身心发展、足球发展二者的规律及学生学习认识的客观规律、比赛能力的提高所持有的有效性、针对性、持续性、实战性的看法与判断。[①] 这一理念对于教师把握足球教学的基本规律具有重要的指导作用，能指导教师科学合理地安排足球教学活动，促进学生足球运动水平的提升。

（二）现代足球教学训练理念的特征

足球运动的操作性非常强，作为一名合格的足球教师，一定要在教学过程中将其掌握的理论、经验、技术有效地结合起来，努力提高教学效率，促进学生足球水平的提高。

1. 关于教学指导的理念特征

现代足球教学理念的特征主要体现在以下方面。

（1）注重细节

在具体的教学过程中，教师应注重运动员动作细节的指导和训练，对学生进行细心指导，促使其掌握正确的、符合实际的基本技战术。

例如，针对学生在运球时习惯只低头看球、不抬头观察场上情况。这种不良习惯产生的原因就在于，在平时的足球训练中，教师观察不细，要求不细，没有结合战况实际组织训练。因此，在高校足球训练中，教师要做到结合场景向学生讲明为什么这样做，让学生明白训练内容和训练目标，让学生能根据场景选择技战术行为，让学生注意每一个动作细节，进而提升教学与训练水平。

（2）结合实战进行教学

教师在组织与开展教学活动前，应制订详细的训练计划和训练内容，针对每一名学生的特点和风格合理安排教学或训练活

① 张庆春，龚喜军，刘文娟，刘丹. 中国青少年足球操作性训练理念的实践特征[J]. 北京体育大学学报，2006(4)：552-556.

动，激发学生学习的积极性和兴趣，从而提高教学质量。

另外，在具体的教学活动中，要及时合理地调整教学的节奏、提高教学的趣味性。如在设计“长传转移后射门得分”训练中，一名进攻球员接球后进入大禁区，刚要运球突破射门，教练却指挥其分边长传转移。足球比赛的目的是射门得分，得分最佳区域为球门对面的禁区附近，球员进了禁区却不让其充分发挥个人技能得分，这种练习本身就是死板的，不切合实战的。因此，足球教师要高度重视这一点。

(3)重视学生的个性，避免以教师为中心

大量的实践充分表明，足球训练内容只有通过球员自身的体验和突破，才能实现其运动技能的升华。很多足球教练习惯于灌输式教学，手把手地教球员技术动作和战术应用，球员没有自己想象、创造的时间和体验，导致球员在赛场上技不如人、不会比赛。

教练员在教学训练过程中还有一个误区，即球员一旦不按照教练事先安排好的技战术进行训练而要发挥个人技巧就会遭到教练员和队友的斥责。这在某种程度上扼杀了球员的个性特征和训练积极性。

在足球教学活动中，学生是最为重要的主体，一切教学活动都要围绕学生展开。每一名学生的个体情况都不一样，如果只是一味地按照教师的安排进行练习，就不能很好地发现自己的不足和缺点，不利于自身的发展。

2. 关于学生自信与兴趣激励的理念特征

根据心理学理论可知，兴趣能使人指向愿意接近的对象，使人愿意对事物进行探索，并享受探索的过程。兴趣有利于个体进行建设性、创造性的活动，兴趣是青少年足球运动员从事足球运动的重要心理动因。

在足球教学中，学生的自信心指以积极的态度对待自己和自己的足球运动能力。自信心对学生完成任务起着重要的作用，使学生在球场上积极主动、果断行动。有自信的球员面临压力会保持冷静和放松，使注意力始终集中在关键环节上，以旺盛的精力积极参与比赛；自信的球员敢于抓住进攻得分的机会，能很好地控制比赛节奏；自信的球员能以自己的进步以及从运动中获得的感受判断成功与失败，能积极地对抗失利或失败。在具体的足球教学中，足球教师要积极鼓励学生，帮助学生认真分析错误并改正，在具体的教学活动中培养和提高学生的自信心，从而帮助学生逐步提高足球水平。

（三）足球操作性教学理念的完善

1. 让学生在教学中享受足球

俗话说，兴趣是最好的老师。操作性教学理念下，强调学生要享受“踢球”的乐趣。教师要针对青少年学生的特点与实际水平，引导他们将足球运动视为一种游戏去体验和享受，让他们在轻松的氛围中感受到足球的魅力，在愉悦的足球环境下提高运动水平。

2. 结合足球发展趋势训练学生

足球运动比较复杂，具有很强的可操作性，因此在具体的教学过程中，应考虑全面，计划周详。只有真正掌握了比赛所需的各种技巧和技能，运动员才能达到在赛场上得分获胜的目标，才能实现自身的发展。

现代足球运动的发展要求运动员必须具备全面的足球技巧，灵活处理球场上复杂多变的情况，保证比赛形势向着有利于本方的方向发展。现代足球训练中，观察一个足球运动员是否有学习复杂足球运动技战术的能力以及能否达到很高的程度，首先要看其在运动场上的基本配合能力如何，只有具备了基本配合这个基础能力，才能进一步提高训练水平。

3. 根据学生特点进行针对性教学

在学校足球教学中，要针对学生的生理特点和心理特点展开有针对性的教学，要合理安排教学内容，选择合理的教学方法。最初进行足球教学的目标是教会学生踢球，这对校园足球运动员来说，对其技战术、体能素质及心态都提出了较高的要求。对于学生来说，将足球训练要求分成小的短期目标，进而在长期的训练过程中逐渐实现更高的目标和要求，丢掉短期目标中的任何一个，都会制约足球教学计划的顺利实施。

4. 教学指导与学生的发展需求同步

在具体的足球教学中，教师要用批判的观点审视和分析足球教学计划的安排。足球训练过程还需要什么改进以更好地适应运动员的长期发展是教练员应考虑的问题。将“足球的重要基础”移植到学校学生的接受水平，以便于在运动之外更好地给予学校学生足球训练的设计和实施。需要注意的是，教师必须始终不断提高自己的教学能力，包括观察能力、辅导能力、组织能力、示范能力及自我提高能力等，从而保证足球教学活动的顺利进行。

第三节　校园足球课程教学目标的设计

足球教学目标是足球教学活动预期达到的结果，是学生通过足球学习后预期产生的行为变化。足球教学目标的设计是足球教学设计重要的组成部分之一，只有好的、符合具体教学实际的教学目标才能为体育教学指明正确的方向。

一、足球教学目标编写的要求

（一）要注意目标的全面性

要想设立一个合理科学的足球教学目标，足球教师需要综合考虑各方面的因素，如学生特点、学校实际、学生运动能力等，在设计目标的过程中，还要分清主要目标和次要目标，以及其他目标。

（二）要注意目标的具体性

在制订足球教学目标时，必须要综合考虑足球教学内容，教学内容要能具体地反映学生的学习行为，要具体指出本节足球教学课学生应了解和掌握的足球知识和技能，并提出合理的要求。

（三）要注意目标的准确性

足球教师要根据教学内容和学生实际情况，准确地编制合理的、符合教学实际的教学目标。教学目标既不能要求过高，又不能要求过低，否则都会影响学生学习的积极性。

（四）要注意目标的明确性

足球教学目标是教学的重要依据，它具有非常重要的导向性作用。一个明确的教学目标，能够引导教师和学生围绕教学目标的实现，恰当地组织教学过程，有效地开展教学活动，并能以此为标准检测教学结果。

（五）要注意目标的灵活性

教学目标制订的灵活性是指制订的教学目标要按不同情况区别对待。对不同层次的学生应制订不同水平的教学目标，而如果在教学过程中出现事先没有估计到的情况，也可以根据具体的教学实际对现有的目标进行及时的调整。

二、足球教学目标编写的步骤

（一）学习和掌握纲领性文件

作为世界第一运动的足球，在校园中也有着良好的学生基础，足球受到大学生的欢迎和喜爱。大学足球一直都是高校体育教学中重要的学习内容。通过对足球纲领性文件的学习，我们可以对整个课程的总目标、具体目标以及教学要求、内容和方法有一个总体的了解。足球教师理应事先学习和掌握这些足球纲领性文件。

（二）编写层次教学目标

足球教师要在学习和掌握纲领性文件的基础上，结合学生的特点和具体的教学设计、足球教学总目标，然后设计出各个学段、各个领域、各个水平的具体目标（图 6-3）。这些具体的目标都要为总目标服务，以总目标为依据。

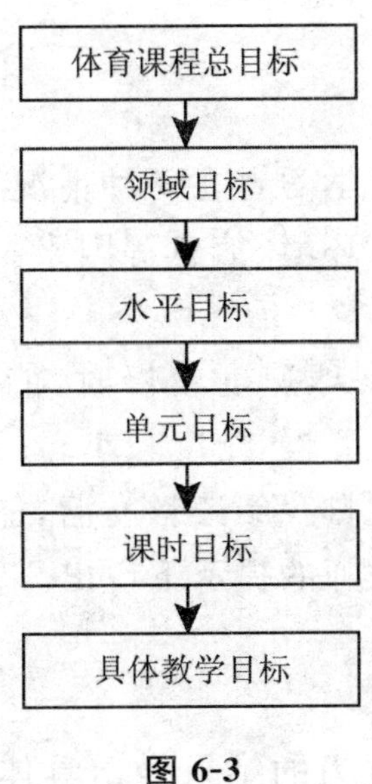

图 6-3

三、足球教学目标陈述的方法

通常来说，教学目标一般包括教学对象、教学条件、教学行为和教学标准四个部分。在陈述教学目标时要注意目标的层次性。

（一）足球教学目标的表述举例

1. 行为的表述

以往足球教学中，我们常会看到诸多“掌握”“体会”或者“提高”等词汇，这些表述非常不科学，难以准确阐述出具体的教学目标。因此我们要在今后的教学中提高表述的准确性。合理的阐述如下所述。

(1)说出脚背外侧踢球的动作要领。

(2)做出脚内侧踢滚动球的动作。

(3)做出脚内侧踢球的动作。

(4)做出射门技术的动作过程。

2. 条件的表述

条件的表述是指对学习者在何种情况下，完成某一动作的描述，主要条件包括时间、环境、信息等因素。条件的表述可以参考以下示例。

(1)要求学生“在来球速度较慢时，能准确踢到滚动着的来球”，条件则是来球速度要慢，角度较小。

(2)要求学生“通过自我阅读教材后，能说出脚内侧踢滚动球的动作要领”，可以在教师的提示下说出。

3. 标准的表述

标准的表述是对行为的结果做出具体的描述。一般根据行为的速度、准确性、质量等来确定。标准的表述可以参考以下示例。

(1)在规定的时间内完成 30 米运球绕杆。

(2)双脚连续颠球 20 次以上。

(3)在禁区外射门 5 次，可以规定射门的具体区域。

4. 教学目标的陈述

足球教学目标主要包括“对象”“行为”“条件”“标准”四个方面的要素。教学目标的陈述可以参考以下示例。

(1)原地用双脚连续颠球 20 次以上。

(2)在行进中用双脚连续颠球 20 次以上。

(二)足球技术教学目标设计举例

下面列举几个足球技术教学目标的例子。

1. 运球技术教学目标

(1)熟练做出各种运球技术。

(2)掌握与运球技术相关的专项身体素质。

(3)具备良好的心理品质。

(4)列举运球技术的理论知识和方法。

2. 踢球技术教学目标

(1)掌握各种踢球技术技能。

(2)具备必要的足球专项力量素质。

(3)具备良好的心理素质。

(4)列举出踢球技术的原理和方法。

3. 头顶球技术教学目标

(1)学习和掌握各种头顶球技术和技能。

(2)具有头顶球需要的全面力量素质。

(3)具有勇敢、顽强的心理品质。

(4)能列举出头顶球准确技术和力量原理。

4. 接球技术教学目标

(1)学习和掌握各种接球技术和技能。

(2)具有较高协调性和灵敏性的身体素质。

(3)具有机智应变、果断决策的心理品质。

(4)掌握接球技术的理论知识与方法。

5. 假动作技术教学目标

(1)能熟练做出多种假动作技术和技能。

(2)具有良好的灵敏素质。

(3)具有灵活、机智、果断和创造性等心理品质。

(4)能列举出如何运用假动作技术的理论知识。

四、足球课程教学目标设计的原则

(一)目标性导向原则

目标性导向原则是指教学设计应该紧扣体育教学目标,所有教学环节的设计都要以目标为导向,所有的教学行为都要与教学目标保持一致。

在设计足球教学目标时,设计中的每一个环节、每一个步骤都要考虑到足球教学目标的实现的功能和作用效果,实际上足球教学目标的设计就是实现体育教学目标的准备过程。

(二)简明性原则

很多人的想法存在着一个误区,那就是认为教学设计是一项非常复杂的工作,只有高水平的教师才能完成教学设计。实际上,教学设计的最终目的都是提高教学的效率与效果。因此,足球教学设计应被看作是一项简单的任务,不能给教师增加额外的负担,教师们易于掌握,这样才能制订出合理的教学目标。

(三)灵活性原则

灵活性原则是指体育教学设计必须针对不同的课型、不同的学生、不同的教学条件进行不同的设计。

我国地大物博，各个学校在体育器材、设施条件等方面都存在着一定的差异，这就要求教师在设计教学目标时要注意灵活性。一方面，足球教学实践活动会受到外界环境的很大影响，如场地、季节、气候等影响；另一方面，教学过程中的人际交往比较复杂，角色不断发生变化。整个教学活动处于动态的变化与发展之中。因此，足球教学设计方案应充分遵循灵活性原则进行设计，这样才能保证教学目标设计的合理性。

（四）可操作性原则

可操作性原则是指体育教学设计方案应该在体育教学具体实施过程中具备便捷、实用、低耗、高效的特点。在足球教学中，足球教学设计也应具备一定的可操作性，在设计的过程中，不能生搬硬套教科书上的案例和模式，要在分析教学背景的基础上，结合具体的教学实际确定合理的教学目标，选择适宜的教学内容。因此，足球教学目标的设计必须要具有可操作性，这样才能保证有的放矢。

（五）整体优化原则

足球教师在设计足球教学目标时，要充分分析教学系统内部各子系统之间的关系，整合各方面的因素，充分发挥体育教学的整体功能，实现良好的足球教学效果。这就是整体优化原则的利用。

在进行足球教学目标设计的过程中，也要从整体出发，使体育教学系统的每一个要素、每一局部过程以及每一环节都置于系统的整体设计之中，从而协同实现体育教学设计整体功能的最优化。同时还应该特别注意要素之间结构与功能的相互匹配，从而设计出合理的教学目标。

（六）系统性原则

系统性原则是指在体育教学设计的过程中，自始至终都应该贯彻系统论的思想，从而使其成为一个有机体。系统论是教学设计的核心理论基础，因此在进行足球教学设计时应该遵循系统性原则，这是足球教学目标设计的重要前提。

在进行足球教学目标设计的过程中，足球教师要善于利用系统的观点，从整体出发来分析足球教学中的各个要素，对各种不同要素组合所产生的效果进行比较，从而选择最优化的教学方案，争取设计出科学合理的符合教学实际的教学目标。

第七章　校园足球课程教学内容与方法的设计

足球技术与战术教学是校园足球课程教学中最重要的内容，在校园足球课程教学中占有较大的课时比例，是教师足球课程教学的重点和难点，同时也是学生在校园足球运动学练中最关注的课程教学内容。本章重点就校园足球课程的足球技术、战术教学的具体内容与方法的设计进行探讨研究，以为校园足球课程主要教学活动的顺利开展与良好足球技战术教学效果的获得提供理论与实践指导。

第一节　校园足球技术教学内容与方法设计

一、颠球技术

（一）颠球技术内容

颠球是指用身体的有效部位连续地触及球并加以控制，使其不落地的技术。颠球是足球的基本功，颠球技巧水平对其他足球技术的掌握具有重要影响，颠球是足球技术教学的基础教学内容。

颠球技术教学中，学生应掌握以下几种基本的颠球技术动作。

1. 脚内侧颠球

以单脚连续颠球为例，支撑腿稍屈膝，另一腿的脚内侧向上摆动，击球的下部。

2. 正脚背颠球

以双脚连续颠球为例，一腿支撑，另一腿摆腿用正脚背击球的下部，击球瞬间踝关节紧张，双脚交替进行。

3. 大腿颠球

支撑腿稍屈膝，另一侧屈膝抬大腿至水平状态，用大腿的中前部位连续向上击球的下部。

4. 头部颠球

两脚开立，稍屈膝，头上仰，目视球，用前额部位连续顶球的下部。

(二)颠球技术练法

颠球技术教学中，教师多设计各种颠球游戏、比赛组织学生进行练习，以避免学生训练的枯燥。

(1)无球模仿练习，体会各部位颠球的用力要领及触球时机。

(2)原地颠球。每人一球，可用不同的部位颠球，身体每一个可以颠球的部位都应该练习到，体会不同的身体部位的触球感觉和击球力量。可计数比赛。

(3)行进间颠球。每人一球，边颠球边向前移动，保持球不落地。

(4)两人一球颠球接力。两人一组，用脚背、大腿、头部以及身体各有效部位触球后传给对方，连续进行。

(5)多人围圈随机颠球。4～5 人一组，围成一圈，一人颠球若干次之后传给任意一人，连续进行。

二、踢球技术

(一)踢球技术内容

踢球是校园足球课程教学的基础教学内容,是学生最感兴趣的教学内容之一。通过踢球技术教学,学生应掌握以下几种踢球技术。

1. 脚背正面踢球

踢定位球时,直线助跑,支撑脚停在球侧后方 25 厘米处,踢球脚脚背绷直,击球的后下部(图 7-1)。

图 7-1

踢反弹球时,身体正对来球反弹方向,踢球腿小腿急速前摆,球反弹离地瞬间击球的后中部(图 7-2)。

图 7-2

踢倒勾球时，上体后仰，支撑腿屈膝，踢球腿上摆，击球的后部（图 7-3）。

图 7-3

2. 脚内侧踢球

踢定位球时，直线助跑，支撑脚停在球侧后方 10～15 厘米处，踢球脚脚踝外展，以脚内侧击球（图 7-4）。

图 7-4

踢空中球时，踢球腿抬大腿外展，小腿屈并绕额状轴由后向前摆至额状面时，击球的后中部（图 7-5）。

图 7-5

3. 脚背内侧踢球

踢定位球时，斜线（45°角）助跑，支撑脚停在球侧后方25厘米处，踢球脚脚背绷直，脚趾扣紧，以脚背内侧击球（图7-6）。

图 7-6

削踢定位球（香蕉球）时，摆腿方向不通过球心，沿弧线前摆，击球的后中部，击球瞬间，踝内转，使球侧旋沿弧线运行（图7-7）。

图 7-7

（二）踢球技术练法

（1）无球模仿练习。设想地上有一目标，助跑，上步，体会不同踢球技术的踢球时机、动作力度、动作幅度。

（2）踢固定球练习。两人一组，一人踩球固定在脚下，另外一人用脚的不同部位踢球，体会踢球部位的触球感。

（3）对墙练习。对足球墙进行踢球练习，练习距离可由近至远。

(4)多向来球练习。两人一组,一人多次从正面、侧面、侧后方等各个方向给球,一人用限定脚法踢来球,练习数次后双方交换练习。

(5)多脚法踢球练习。两人一组,相距一定距离进行连续传踢球练习。

三、运球技术

(一)运球技术内容

运球是身体部位不断触球使球随运球者一起运动的技术,校园足球课程教学中的运球技术教学包括以下内容。

1. 脚背正面运球

运球时,正常跑动,上体前倾,运球腿前送髋,屈膝,提脚,提踵,脚尖下指,用脚背正面击球的后中部。

2. 脚背内侧运球

运球时,身体稍侧转,上体前倾,运球腿屈膝外转,提踵,脚尖外转,用脚背内侧击球。

3. 拉球

运球脚触球时,向后下方用力将球拉回,使对手在抢球落空、移重心时,乘机将球推送出,再继续运球前进。

4. 运球过人

逼近防守者,身体护球的同时,远离防守者的脚,做假动作使对方失去重心,运用拨、拉、扣、挑等技术动作,突然快速摆脱对手(图 7-8)。

图 7-8

(二)运球技术练法

1. 无对抗运球

(1)直线运球:两人相距 10～30 米,相互直线运球传给对方,连续进行。

(2)“8”字运球:场地上设两根相距 5～8 米的标杆,绕标杆进行“8”字运球。

(3)圆周运球:沿足球场地的中圈做圆周运球,运球一周后传给下一人,依次进行。

2. 对抗运球训练

(1)消极对抗训练:防守队员消极抢球,用各种动作干扰控球队员的注意力,运球者看时机超越防守队员。

(2)积极对抗训练:运球队员向在中线的防守队员主动靠近,防守队员不能离开中线。

3. 运球转身

(1)无球转身练习。

(2)慢动作无球模仿转身运球技术。

(3)每人一球,行进间运球,听信号练习转身运球。

(4)两人一球,无球者全力防守,控球者转身运球突破。

4. 运球过人

(1)内引外拨:用脚内侧做斜线内引运球,听信号快速改用脚外侧拨球。

(2)一攻一防进行过人突破练习。突破后两人交换攻防角色继续练习。

四、接球技术

(一)接球技术内容

接球是将来球接到自己所需要的部位,为接下来的控球、运球、射门等做准备。接球技术包括以下几种。

1. 脚部接球

用脚内侧接空中球时,积极移动,接球腿抬起,触球瞬间脚向后下方撤,将球接在所需位置(图 7-9)。

图 7-9

脚背正面接高空(抛物线)球时,适度背屈,接球脚微抬,触球瞬间踝部放松,将球接至所需位置(图 7-10)。

图 7-10

脚背外侧接地滚球时,支撑腿屈膝,接球腿提起,屈膝,脚内翻,触球瞬间稍后撤,将球接在所需位置(图 7-11)。

图 7-11

2. 腿部接球

接低平球时,大腿微屈,送髋,迎球,触球瞬间后撤。

接抛物线来球时,大腿抬起,触球瞬间下撤(图 7-12)。

3. 胸部接球

挺胸接球时,屈膝,上体后仰,触球瞬间,直膝,蹬地,胸部托球使球轻弹并落至需要位置(图 7-13)。

图 7-12

图 7-13

收胸接球时，挺胸迎球，触球瞬间，收胸，收腹，将球接在体前（图 7-14）。

图 7-14

4. 头部接球

看准来球，用前额正面接触球的中下部，提踵伸膝，触球瞬间，全脚掌着地，屈膝，塌腰，缩颈，将球接在需要位置。

(二)接球技术练法

(1)自抛自接球。可用身体任意部位接球。

(2)对墙踢球，再选择用身体某一部位主动接球。

(3)两人互抛互接。力量由小到大，距离由近到远，速度由慢到快。

(4)两人相互运球。练习接地滚球、空中球或反弹球等。

(5)接球转身。三人各距10米成一条直线站立，相互之间传接球。

五、头顶球技术

(一)头顶球技术内容

足球运动中，头顶球技术是经常见到的技术。一般来说，在校园足球课程教学中，很多教师考虑到安全因素会规避头顶球教学内容，但是，对于具有一定足球运动水平的学生来说，有头顶球技术学习的需要，教师可因材施教。

常见头顶球技术主要有以下几种。

1. 前额正面头顶球

原地头顶球时，看准来球，当球运行到将垂直于地面的垂线时，迅速前摆体，蹬地，收下颌，颈部爆发式振摆，以前额正面顶球的中部(图7-15)。

跑动跳起头顶球时，看准来球，及时蹬地起跳，同时，另一腿屈膝上摆，两臂屈肘上提。颈部振摆，以前额正面击球。

图 7-15

2. 前额侧面头顶球

原地额侧头顶球技术动作与原地前额正面头顶球动作基本相同。

跳起头顶球时，看准来球，积极起跳，起跳后在空中扭颈甩头，用前额侧面顶球的后中部（图 7-16）。

图 7-16

（二）头顶球技术练法

（1）面对足球墙进行自抛自顶球练习。

（2）利用吊球架，改变球的高度进行各种顶球训练。

（3）两人一组一球，相距 10 米，一人抛任意球，一人顶球。

（4）两人一组一球，相距 20 米，利用头顶球进行相互传球练习。

（5）两人一组一球，相距 20 米，一人传高球，一人顶回，交替练习。

(6)两人一组,一人抛球,另一人在垫上或沙坑里进行鱼跃头顶球练习。

(7)三人一组,排成一条直线,各相距10米左右,甲抛球给乙,乙蹭顶给丙,丙接球后再给乙,乙又蹭顶给甲,反复练习。

(8)三人一组,一人传球,其他两人与传球人相距20米以外,传球队员传球后,其他两人争顶(一人防守,一人进攻),交替练习。

六、抢断球技术

(一)抢断球技术内容

抢球是指防守队员将进攻队员控制的球直接争夺过来或破坏掉的技术动作。校园足球课程教学中学生应掌握以下几种常见的足球抢断球技术。

1. 正面抢球

正面跨步堵抢球时,抢球者迎运球者站立,屈膝,降低重心,跨步可触到球时,后脚用力蹬地前跨步,以脚内侧堵截球,另一只脚迅速上步,带球向上提拉,使球从对手脚面滚过,掌握控球权(图7-17)。

图 7-17

正面铲球时,抢球者与控球者相对,当控球者触球脚触球后尚未落地时,抢球者双脚沿地面向球滑铲,侧翻滚后起身,控球离开。

2. 侧面抢球

(1)合理冲撞抢球：两人并肩跑动，当对方同侧脚离地时，抢球者用肘以上部位适当冲撞对手使其失去平衡，趁机控球离开(图 7-18)。

图 7-18

(2)异侧脚铲球：抢球者用同侧脚蹬地使身体跃出，异侧脚沿地面向前用脚底将球铲出(图 7-19)。

图 7-19

(二)抢断球技术练法

(1)原地抢球。两人一组，相距 2 米，轮换进行抢球练习。

(2)运动抢球。两人一组，相对站立，一人运球，一人伺机抢断，轮换练习。

(3)合理冲撞抢球。两人一组，前方 6 米左右处放一球，听信号同时出发抢球，未抢到球者合理冲撞抢球，反复练习。

(4)不规定技术方法的抢断球练习。两人一组，一人直线运球前进，另一人伺机抢球（不限技术），两人交替练习。

七、掷界外球技术

(一)掷界外球技术内容

掷界外球是指按规则规定将球掷入场内预定目标的技术，通过足球教学，学生应熟悉和掌握以下掷界外球技术。

1. 原地掷界外球

掷球前，面对出球方向，每脚均有一部分在边线上或边线外。屈膝，上体后仰，两手持球的侧后部置于头后，随后，蹬地，直膝，收腹，屈体，两臂急速前摆将球甩出(图 7-20)。

图 7-20

2. 助跑掷界外球

胸前持球，助跑的最后一步，上体后仰，头上举球，双臂用力掷球，掷球后，两脚不得离地。

(二)掷界外球技术练法

(1)徒手模仿掷球动作。

(2)原地向各个方向掷球。

(3)两人一球,相距 15 米,原地互掷界外球。

(4)两人一球,相距 25 米,两端设 2 条平行线,助跑互掷界外球。

八、守门员技术

(一)守门员技术内容

足球是一项集体性球类运动,守门员在足球运动中扮演着非常重要的角色,教师应通过足球课程教学使学生掌握以下常见的守门员技术。

1. 接球

上手接球时,两臂上伸,两手拇指相对呈“八”字形,其余四指微屈,手掌对球。在球的最高点触球,转腕屈肘,下引将球抱于胸前。上手接球主要用于接高球。

下手接球(主要接地滚球)时,弯腰直膝(图 7-21),或跪地支撑(图 7-22),两手掌心迎球,将球抱于怀中。

图 7-21

图 7-22

2. 托球

以近球侧手臂伸出迎球。触球刹那,手腕后仰,掌跟顶推发力,将球托出。

3. 击球

单拳击球时,屈肘握拳,击球前瞬间,快速冲拳,拳面击球。

双拳击球时，屈肘握拳，两拳相拢，拳心相对，触球前瞬间，两拳面将球击出。

4. 扑球

倒地侧扑球时，异侧脚内侧侧蹬，同侧脚屈膝跨出迎球，上体顺势压前扑倒，双臂向前迎球，手掌挡压控球。

腾空跃起侧扑时，迅速降重心，同侧脚侧上步，用脚掌外侧蹬地，身体水平状腾空，两手成球窝状快速迎球，触球后团身（图 7-23）。

图 7-23

鱼跃扑地滚球时，屈膝，降低重心，同侧脚用力蹬地，展体，伸臂，手掌对球，以屈肘、扣腕动作将球抱于胸前，屈膝团体（图 7-24）。

图 7-24

5. 发球

足球运动中，比赛中断后重新开始，有时需要守门员发球，具体技术动作及内容如下。

(1)抛踢球

抛踢球包括踢自抛的下落空中球和踢自抛的反弹球两种，抛球后的踢球具体技术动作可参考踢球技术动作。

(2)掷球

单手肩上掷球时，肩上持球，臂后引，体侧转，重心移，后脚蹬地，转体，挥臂，甩腕，将球掷出(图 7-25)。

图 7-25

勾手掷球时，侧对出球方向，持球后引，屈臂，移重心，蹬地，转体，重心由后脚移向前脚，持球手臂由后经体侧沿弧线摆至肩上，手指和手腕用力将球掷出(图 7-26)。

图 7-26

(二)守门员技术练法

(1)接踢来球,要求守门员从蹲伏于地的队员身上跃过。

(2)扑接脚下球:同伴喂球,守门员选择最佳时机扑接脚下球。

(3)吊球训练:可由无人干扰到一人或多人干扰,再到对抗练习。

(4)鱼跃扑高球训练:教练员持球站在蹲地队员的前方3米处,喂球使守门员鱼跃过蹲地队员去扑球或拳击球。

(5)各种地滚球、平空球和高球训练:2～4人从多方向踢出不同性质的球,提高守门员处理球的能力。

第二节　校园足球战术教学内容与方法设计

一、足球进攻战术

(一)足球个人进攻战术

1. 足球个人进攻战术内容

个人进攻战术包括跑位、接应、传球、运球突破和射门等。

(1)跑位

跑位即在足球场上的积极移动,可接应同伴,可牵制对方。

(2)接应

接应,是对同伴的积极配合的表现。比赛中,运动员应仔细判断场上形势,了解对手打法和技术特点,可用手势、口号联系,提高球的接应成功率。

(3)传球

传球是个人进攻战术的重要内容,其最终目的就是抢夺时空优势,良好的传球应注意以下几点。

①具有良好的传球意识，重视与同伴的积极配合。

②传球准确，有效控制传出的球的弧度、力量、距离、方向、落点，避免无效的传球和传球失误。

③传球目的明确，明确传球对象、传球位置，为实施传球后的战术奠定良好基础。

④把握传球时机，果断出脚。

⑤隐蔽传球意图，避免对手提前预知本方战术行动。

⑥下雨地滑时，多传脚下球；场地泥泞时，多传空中球。

(4)运球突破

足球运动中的对抗几乎是一直存在的，射门机会并不是时刻都有，大多数时间控球权都是在双方的运球和抢断球过程中来回变换。

运球突破应注意以下几点。

①积极利用传球突破寻找机会。

②保证控球权。这是进行传球突破的前提，运动员应在护好球的基础上，再选择突破，以免丢球。

③攻守转换中，大胆选择突破防守队员身后的大场地空间。

④突破过程中要善于利用各种假动作，隐蔽战术意图。

⑤尽量避免在本方的后场运球突破。

⑥突破及时，快速。

⑦运球技术实施准确。

⑧同伴在比赛中处于越位位置时，果断自身突破射门。

⑨运球超越、摆脱应连贯。

⑩突破后积极跑动，与同伴配合。

(5)射门

射门是一切进攻战术配合的最终目的，射门技术实施要求如下。

①有强烈的射门意识和欲望。

②把握射门机会，不要错失良机。

③选择正确的射门角度。

④尽量射低平球，增加对方守门员拦截球的难度。

⑤射门要准确。步法、步点、脚法、击球部位要准确。

⑥射门要突然，避免守门员有所准备。

⑦力争抢点直接射门。

2．个人进攻战术练法

(1)跑位训练

听口令转向跑：听既定口号转向跑。

全场跑位练习：选择小场地(40 米×30 米)，开展 6 对 6 练习，增加跑位难度(图 7-27)。

跑位接球：选择一块 30 米×20 米的场地，开展 3 对 2 练习，另设一名守门员。如图 7-28 所示，②把球传给①，①、③协同配合创造空间，②从后插上后获球。

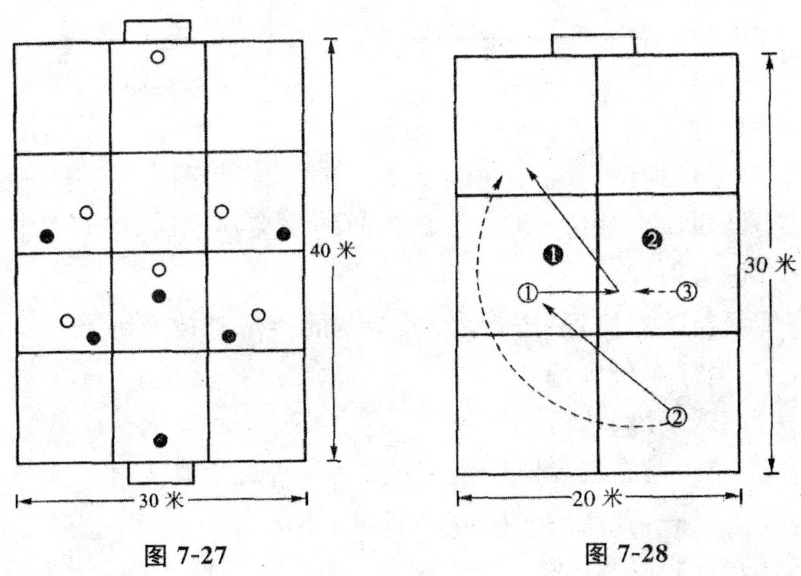

图 7-27　　图 7-28

(2)接应训练

绕障碍接应练习：在足球场地上进行绕障碍物过程中接同伴传球后回传练习。

传球接应练习：球员①站在场地一端，目标人③站在场地另一端，中间区域进行 1 对 1 对抗。①向②边线传球，②迎球移动，

①传球后,迅速右移,为②创造策应角度。②传球给①,①传球给③(图 7-29)。

3 打 2 练习:选择一块 10 米×20 米的场地。无球队员积极接应配合(图 7-30)。

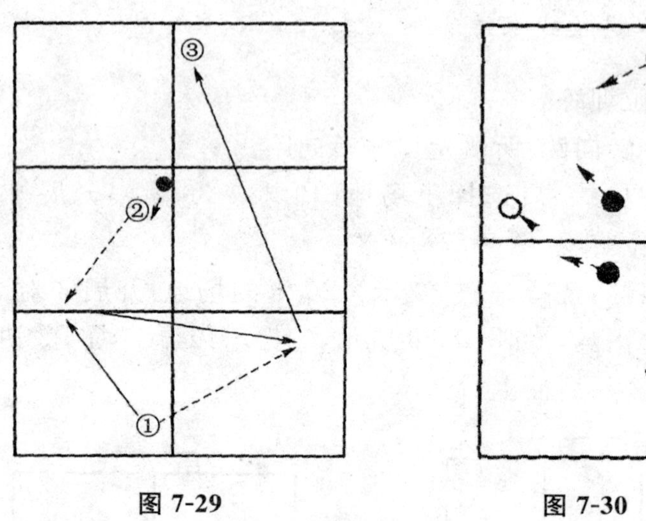

图 7-29　　图 7-30

(3)传球训练

交叉换位传球练习:A 与 B 在前场交叉换位后,接 C 的传球,再配合进行射门。

传球与接应练习:进行多人、多球的传球与接应练习。

(4)运球突破训练

①运球绕障碍练习。

②一对一,在规定时间内突破对手,两人交替练习。

③二对一,在规定时间内突破对手的联防。

(5)射门训练

①对墙踢准练习。在墙上画分数区域,在距墙 20 米处画射门标志线和位置,踢中不同区域得相应分数(图 7-31)。

②一对一射门练习。一人射门,一人防守,两人交替练习。

③第二空当传球射门。A 向同伴 B 拉出的第二空当跑,接 C 的传球后,积极射门。

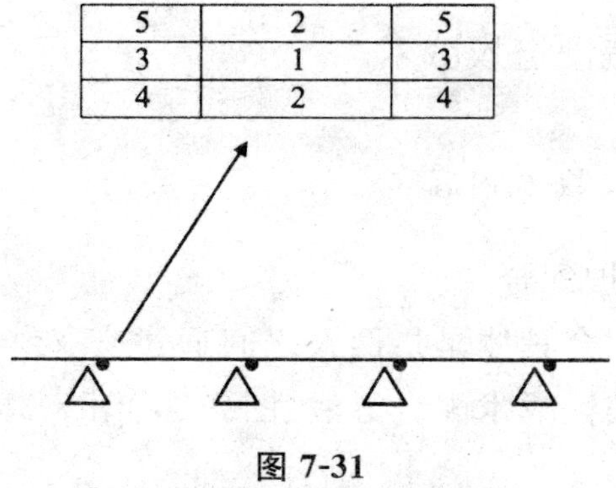

图 7-31

④远射比赛。设一名守门员，其余的人列队依次运球至罚球区外大力射门，进球即得 1 分（图 7-32）。

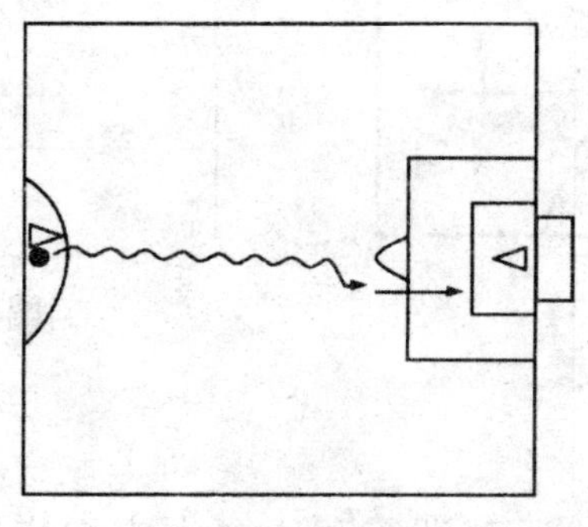

图 7-32

⑤运球过杆射门接力。球场内方向每 2 米设置一根标枪，共 10 根。练习者依次出发绕杆后射门，再运球返回，换下一人出发，依次进行（图 7-33）。

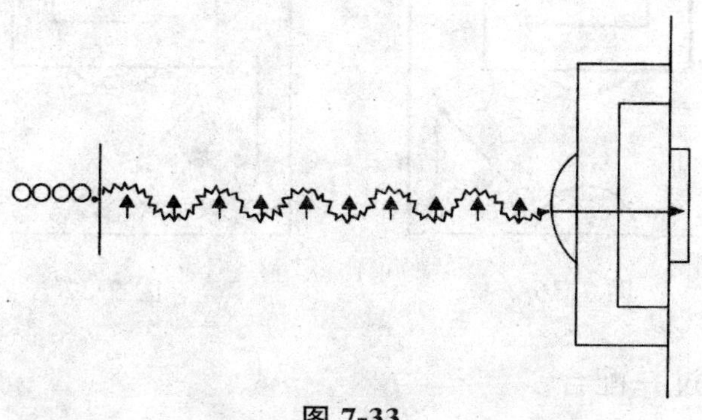

图 7-33

(二)足球局部进攻战术

1. 局部进攻战术内容

(1)交叉掩护配合

交叉掩护配合具体是指两人之间通过交叉换位,一人用身体掩护队友的突破性战术配合方法(图 7-34、图 7-35)。

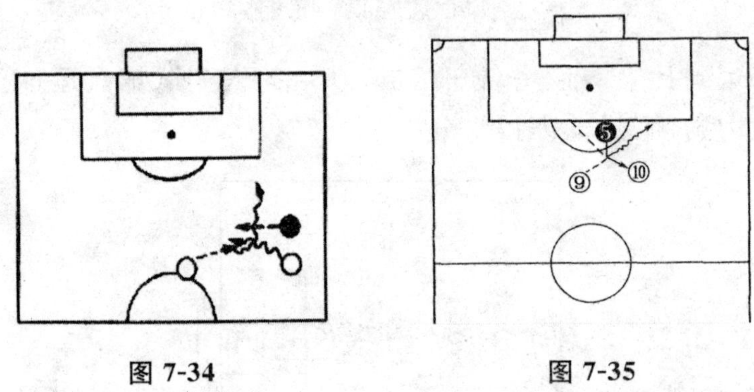

图 7-34　　图 7-35

(2)传切配合

传切配合在足球运动训练和比赛中应用广泛,能为进攻战术的推动创造良好条件,主要有直传斜切(图 7-36)、斜传直切(图 7-37)、长传转移切入等传切配合方法。

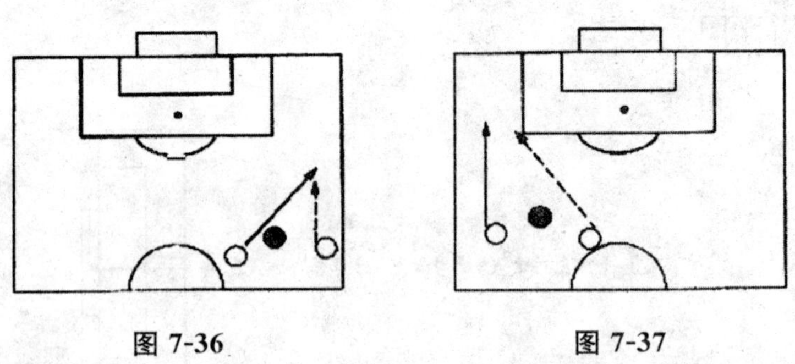

图 7-36　　图 7-37

(3)二过一配合

二过一配合是足球运动中一种典型的以多打少的战术

配合方法，常用方法类型有撞墙式二过一（图 7-38）、连续二过一（图 7-39）、直传斜插二过一（图 7-40）、回传反切二过一（图 7-41）等。

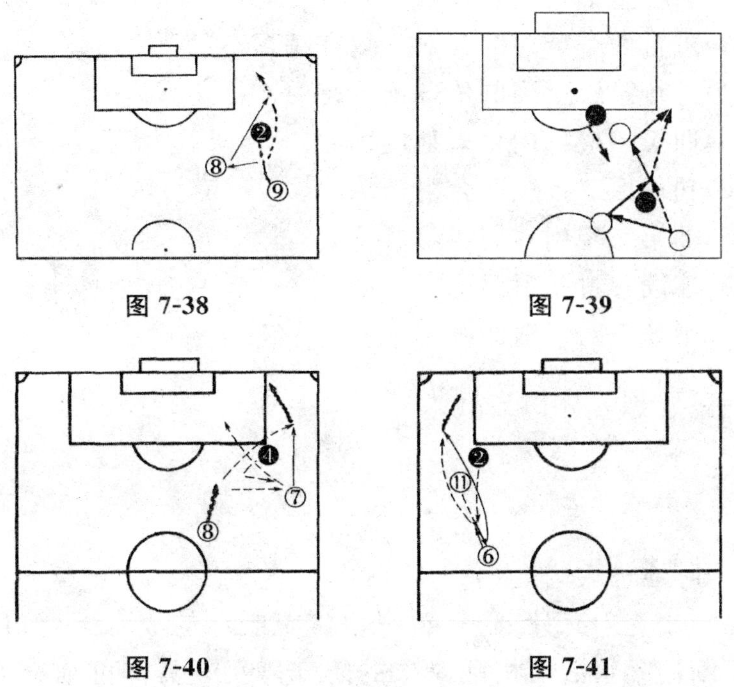

图 7-38　　图 7-39

图 7-40　　图 7-41

（4）三过二配合

三个进攻队员相互配合穿过两名对手的防守的战术方法。进攻配合时，多采用三角形站位，通过相互传接、插上突破防守（图 7-42、图 7-43）。

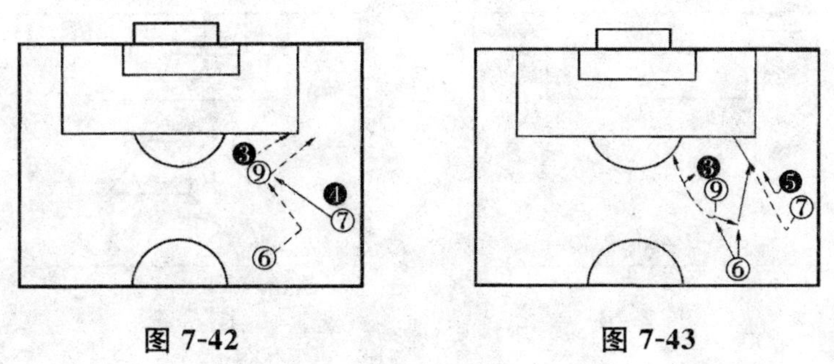

图 7-42　　图 7-43

2. 局部进攻战术练法

(1)踢墙式二过一练习。
(2)斜传直插二过一练习。
(3)进行两个球门的二对二攻守练习。
(4)进行第二空当的传球配合练习。
(5)回拉接应反向切入射门练习。
(6)罚球区二过一配合射门练习。
(7)插第二空当射门练习。
(8)连续二过一射门练习。
(9)半场三对二射门练习。

(三)足球整体进攻战术

1. 整体进攻战术内容

(1)阵地进攻

足球比赛中有计划、有组织地实施既定的战术配合,目的是通过不断的频繁活动扰乱对方的防守阵型。具体可细分为以下几种进攻方式。

①中路渗透

中路渗透包括三种基本形式,即前场发动进攻、中场发动进攻(图 7-44、图 7-45、图 7-46)、后场发动进攻(图 7-47、图 7-48)。

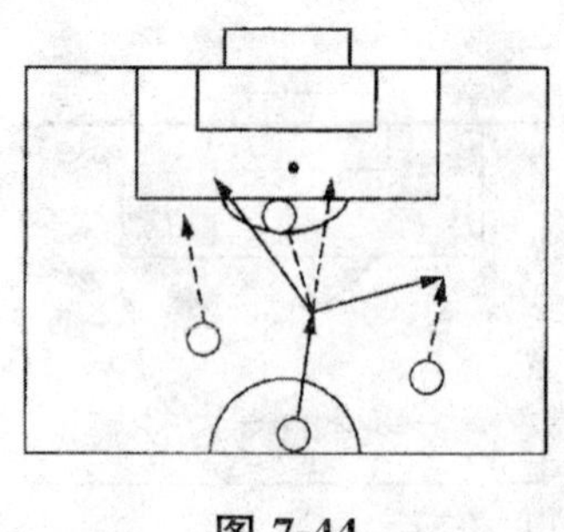

图 7-44

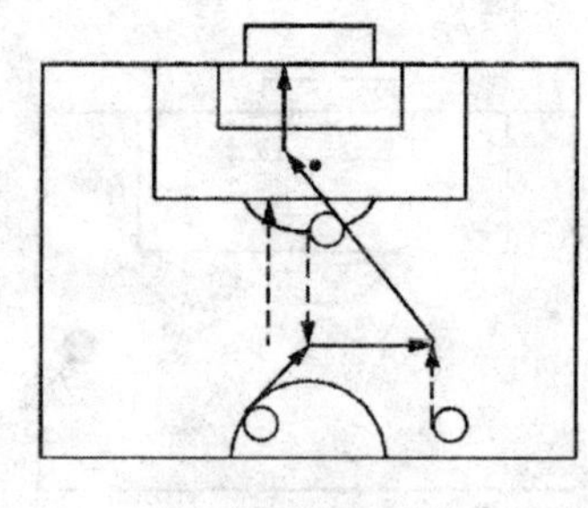

图 7-45

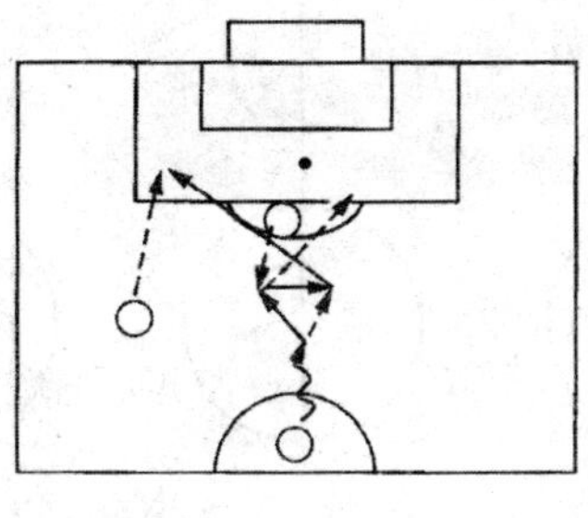

图 7-46

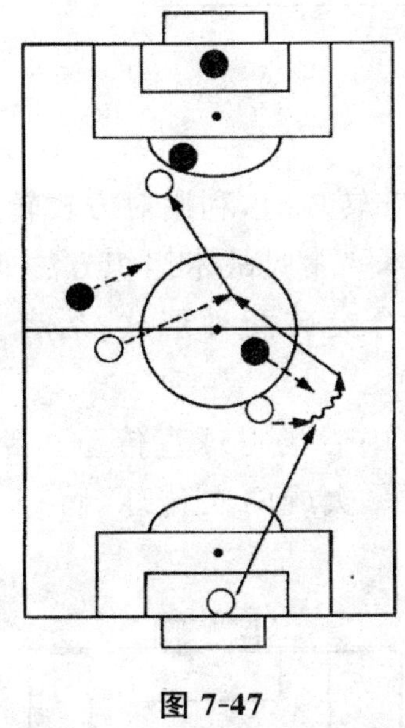

图 7-47

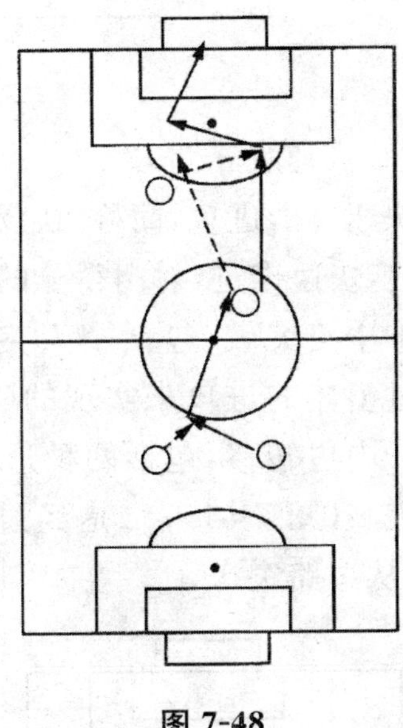

图 7-48

②边路进攻

边路进攻又称“边线进攻”“侧翼进攻”“两翼齐飞”等，是在对方半场的两侧地区所开展的进攻（图 7-49）。边路进攻防守人数较少，空隙大，可分散对方中路的防守力量，制造空当，但是远离球门，要求运动员有较高的射门技术。

③中边转移

足球运动中，如果中路渗透难以达到目的，可将进攻重心向边上转移，由边路突破对方的防守，利用空当，创造破门得分的机会。

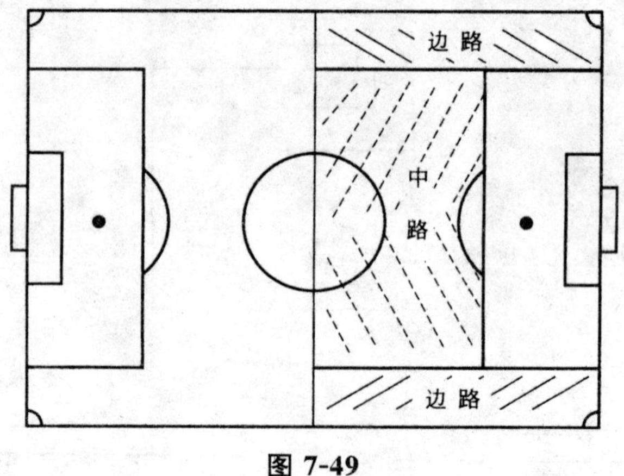

图 7-49

(2)快速反击进攻

快速反击进攻，简称“快反”，是由守转攻时，利用对方攻转守的时间差，快速推进，射门得分的进攻战术。常见战术组织方法如下。

①中路突破：包括个人突破和配合突破两种形式，后者主要是通过整体的进攻来实现的(图 7-50)。

②中边转移：包括两种形式，一是中后场得球直传至边路，从边路突破(图 7-51)；二是经过中场的一次或两次传球，将球分到边路，从边路突破。

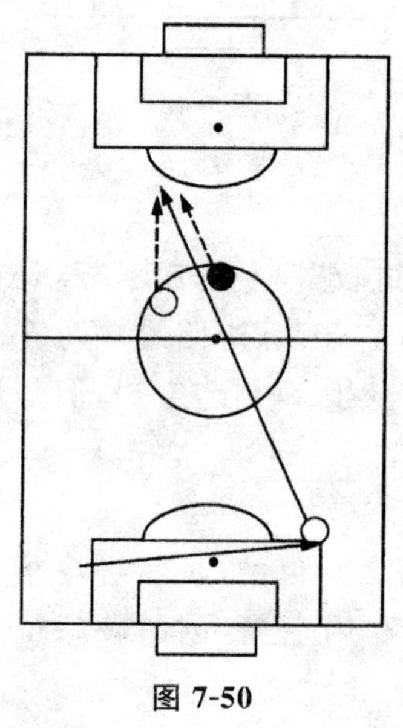

图 7-50

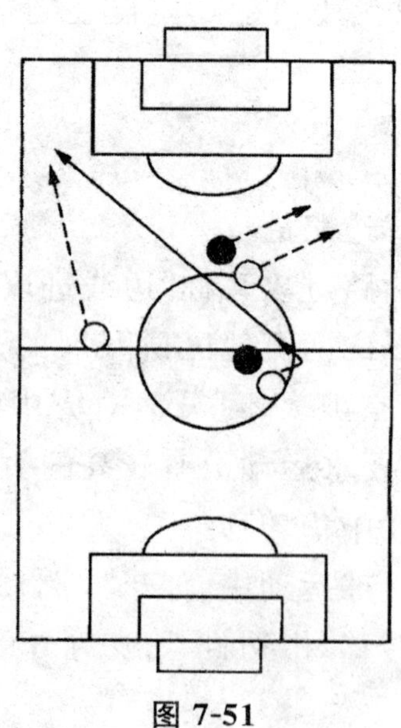

图 7-51

③边路传中：包括两种形式，即个人突破边路传中（图 7-52）和配合突破边路传中（图 7-53）。

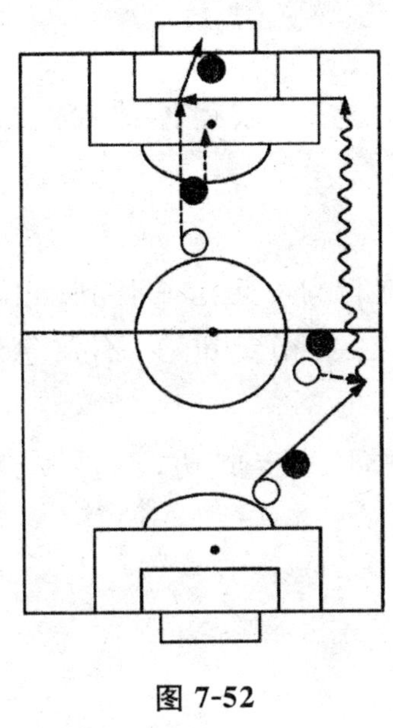

图 7-52

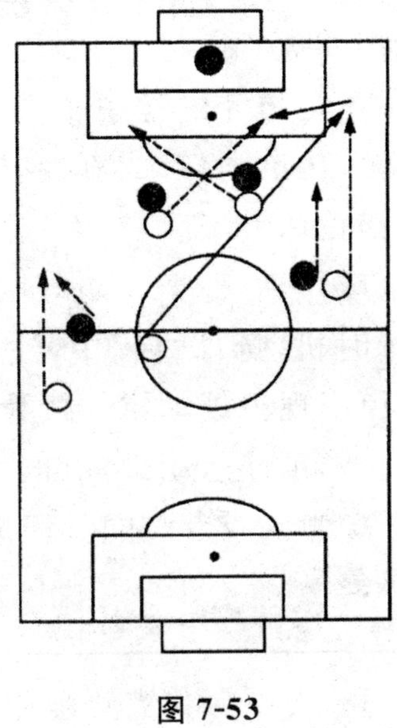

图 7-53

2. 整体进攻战术练法

（1）原地边路传中进攻练习。

（2）接带球传中包抄射门练习。

（3）传中与三人包抄抢点射门练习。

（4）固定区域的边路传中与射门练习。

二、足球防守战术

（一）足球个人防守战术

1. 个人防守战术内容

（1）选位、盯人

选位，指防守队员根据场上比赛情况，移动到有效实施本方防守战术、防守反攻战术的有利位置，以便于更好地与同伴配合，或干扰与牵制对方。

盯人，指通过合理的选位，对进攻队员进行严密控制并限制其进攻活动，如封堵、断球、抢球等。

(2)断球

断球是防守过程中抢夺进攻队员的球，获得控球权的战术。断球后可传给同伴，或直接射门得分。

(3)抢球

抢球，是一种个人防守战术，实施抢球，应选择有利站位，把握抢球时机，抢球过程中，注意要镇定，要稳定重心，不要急于求成，以免出现犯规动作与行为。

此外，足球运动中，有时一次抢球不一定成功，不要放弃，要敢于再次尝试或者与同伴积极配合。

2. 个人防守战术练法

(1)个人全场运球绕障碍练习。

(2)多球不固定位置的接应与跑位练习。

(3)规定方位的正面抢球、侧面抢球、背身抢球练习。

(4)一对一无球摆脱练习。

(5)一对一抢截球练习。

(6)半场一对一盯人练习。

(7)全场一对一攻守练习。

(二)足球局部防守战术

1. 局部防守战术内容

局部防守战术是指两名或两名以上的防守队员相互配合进行防守的方法，它是集体防守战术的基础。局部防守战术主要包括以下几种形式。

(1)补位

足球训练或比赛中，当有进攻队员突破本队队员的防守后，相邻的运动员及时上前封堵，常见补位方式有补空当、突破后补位、门前补位。

(2)保护

保护是抢球队员(第一防守者)身后的第二防守者实施的保护行为，保护队员要灵活处理球周围的各种情况，使同伴全身心应对对手、运球、射门。

(3)围抢

围抢是指两个或两个以上队员围攻或夹击对方控球者，并破坏对方传球的战术。

2. 局部防守战术练法

(1)如图7-54所示，选择一块10米×30米的场地，S将球传给①，❶盯防①，❶紧逼①横向活动，❷保护❶。

(2)如图7-55所示，选择一块30米×20米的场地，平均分为6个方格，两端设球门，每方格内两名队员，进攻队员积极射门，防守队员紧密防守。

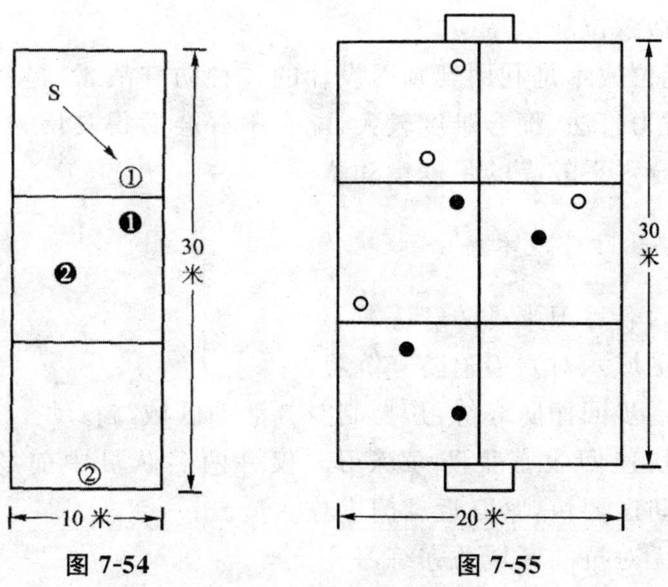

图7-54　　图7-55

(3)二对三攻守练习，进攻者突破防守时，临近的防守队员及时补位继续防守。

(三)足球整体防守战术

1. 整体防守战术内容

足球运动整体防守是指全队都参与防守的配合,主要包括以下几种战术方法。

(1)人盯人防守

每一个防守队员都盯住一个对手,封锁对手的进攻线路,控制对手的活动和传球、控球。人盯人防守责任具体,明确,但体力消耗大,不易补防。

(2)区域盯人防守

区域盯人防守,指防守方根据场上队员的位置分布,每个防守队员在一个区域防守,对进入该区域的对方运动员进行防守。

(3)混合防守

混合防守是人盯人防守与区域防守两种防守方法的结合打法,集合了这两种防守战术方法的优点,防守组织更加严密。

(4)造越位战术

造越位战术是利用规则而设计的一种防守战术,是一种以巧制胜的省力打法,配合难度较大,配合不好会适得其反,让对手钻空子,适合水平较高的足球运动队。

2. 整体防守战术练法

(1)四名后卫半场防守练习。

(2)区域六对六逼迫防守练习。

(3)逐步回撤防守练习,控制对方活动区域与行动。

(4)快速回收密集防守练习。仅一两名队员中前场封堵对手,收缩防区要快,紧盯近球门进攻队员。

(5)无对抗的区域防守练习。

(6)有对抗的区域盯人防守。

第八章　校园足球课程教学与训练计划的设计

小学、中学和大学是校园足球开展的几个重要阶段，在这几个阶段中，学生的可塑性非常强，因此加强学生的足球运动教学与训练是非常重要的。

第一节　小学、中学、大学足球教学计划的设计

教师或教练员在组织学生进行教学活动时需要事先制订一个完备的教学计划，这样才能保证足球教学的科学性。

一、小学足球教学计划的设计

（一）小学足球水平教学计划的制订

在小学阶段，学生的可塑性较强，不论是在身体还是在心理等方面都会发生一些变化，因此教师在制订教学计划时，要结合学生的身心发展规律和特点，设置合理的教学目标，选择合适的教学内容与方法，以取得理想的教学效果。

在制订小学足球水平教学计划时需要遵从以下基本要求。

1. 层次性要求

在制订足球水平教学计划时，教师要注意教学时数的安排，要保证足够的学时，并合理安排重点教学内容。对于一般足球教学内容，安排时数要根据具体的教学实际进行。对教学内容的安排，足球教师要遵循层次性的基本要求，确保教学活动按部就班的展开。

2. 整体性要求

在小学阶段，每个学期都应有不同的足球教学内容。即每个学期都要合理安排一个水平段的教学内容，以完整地体现相应水平段的所有教学内容。这就是足球教学的整体性要求。

3. 可操作性要求

水平足球教学计划的制订不是盲目的，教师要结合学生的身心发展特点、学校场地和设备情况等进行，在此基础上选择合理的教学内容，这样才能保证教学活动的顺利进行。

（二）小学足球单元教学计划的制订

1. 足球单元教学计划制订的基本要求

在足球教学中，课是最基本的单位，一个教学单元是由多个教学课组成的，这些教学课之间有着非常密切的联系。在制订单元教学计划时，教师需要综合各方面的因素，确定合适的教学主题，在设定好教学主题后，选择与设计符合学生特点和学习水平的教学内容。教师在设计足球课内容时，要注意各项内容之间的关联性，并根据学生的实际需求及时调整教学内容。

2. 足球单元教学计划设计注意事项

一般来说，足球单元教学计划主要分为大单元和小单元两种，当然这是以学校的具体实际划分的。如有的学校条件较好，可以每周开展一次教学课，那么单元教学计划的制订可以按照大单元的形式进行，即对一个18次教学课的单元教学计划进行设计。如果学校条件较差，没有实力开展大单元的教学课，只能安排少量的学时，就需要采用小单元的形式进行教学，通常来说小单元教学有8个左右的学时。但需要注意的是，不论是大单元还是小单元，其教学过程都是一致的，不能忽略了任何一方面。

在设计足球单元教学计划时，足球教师需要注意以下几方面的要求。

（1）指导思想

教师可以组织学生练习射门技术，可以自行设计有趣的射门方式，以激发学生学习的乐趣，帮助学生获得愉悦的心理体验，同时还能促进学生灵敏、协调等素质的发展，另外在参与活动的过程中还要注意学生团队意识的培养。

（2）教学目标

单元教学计划主要有以下四个方面的教学目标。

运动参与：激发学生参与足球学习的积极性，提高其自觉参加足球运动的意识。

运动技能：设计富有趣味性的射门方式，通过各种足球游戏的开展提高学生的运球和射门技术。

身体健康：促进学生灵敏、协调等身体素质的发展和提高。

心理健康与社会适应：激发学生学习的乐趣，促进学生的个性发展，培养学生团结协作的意识和精神。

（3）分析学情

足球运动本身具有较大的趣味性，在学校中也深受学生的欢迎和喜爱。在设计足球教学计划时，教师要结合学校的具体实际进行，如学校处于城郊接合部，学生家庭收入不稳定，他们无法在课余时间参与足球活动，无法满足自己的足球需求，针对这种情况，教师要指导学生在课堂上尽量多地参与练习，促进其足球技术水平的提高。另外，对于一些足球水平较高又具有浓厚学习兴趣的学生，教师可以进行有针对性的辅导，进一步提高其足球运动水平。

(4)分析教材

足球运动的技术体系非常丰富，涵盖多方面的内容，如运球、传球、颠球、射门等，学生都需要掌握。教师在制订教学计划时，要充分地分析教材，找准能有效提高学生兴趣和水平的点，促进学生学习能力的提高。以足球射门技术为例，射门让人感到兴奋，尤其是射门的一刹那，学生会感到无限的满足。因此教师可以采用多种方法引导学生进行足球射门练习，指导学生掌握各种射门技术，学生在练习的过程中，不仅提高了身体素质和足球水平，而且还培养和提高了竞争与合作的意识。这对于学生的全面发展是非常有利的。

(5)场地器材

7人制足球场，两副小球门，小足球、标志桶等。

(6)教学思路

示例：

①指导学生反复练习运球绕杆、分组抢截球等技术，提高学生的球感。

②指导学生练习与提高脚内侧传接球技术，提高学生的传接球水平。

③指导学生学习和掌握脚内侧射门技术，可以采用射门游戏的方式提高学生的兴趣，帮助学生建立主动参与足球运动的意识。

④分组比赛，提高学生的比赛能力。

(三)小学足球教案的设计

教案是教师组织与开展教学活动的重要载体，教师在上课前一定要撰写好教案，按照教案按部就班地展开教学活动。因此作为一名合格的足球教师，一定要具备设计足球教案的能力。

1. 设计足球教案的要求

教案，即课时教学计划，是指以一个课时为单位来设计和安排的教学计划。在足球教学中，教案的设计要以单元教学计划为依据，结合学生的具体实际合理选择教学内容及策略，设计出具有可操作性的教案。教师在每次教学课中都会以教案为参考，因此设计的教案一定要合理，符合教学实际。

通常来说，足球教案主要有文字式、表格式和流程图式三种形式。教师可以根据自己的喜好选择采用哪种方式，但不管采用哪种形式，都要包括教学目标、教学内容、教学方法、运动时间与运动负荷、教学总结等基本内容，以上内容缺一不可，不能忽略任何一个方面。

教师在设计足球教案时，需要注意以下几个方面的要求。

第一，要提前做好调查，了解和掌握学生的足球基础、学习能力等实际情况。

第二，教师要依据教学目标与任务，制订合理的教学内容，选择合适的教学方法等。

第三，课时教学目标的制订要符合教学实际水平，不能定得过高，也不能过低，要保证所有学生都能得到提高。

2. 足球教案设计案例分析

下面以水平三（五年级）足球课时教学计划为例来分析足球教案的设计。

教学目标：①激发学生学习足球的热情；②学生学习和掌握脚背正面运球接脚背正面射门的技术动作；③学生获得团队合作的满足感。

教学内容：脚背正面运球接脚背正面射门。

教学重点：脚背正面击球（后中部）并射门。

教学难点：运球最后一步支撑脚跨步的准确性。

场地器材：8 个小足球门，40 只小足球，一台录音机。

课后小结与教学反思：略。

二、中学足球教学计划的设计

(一)中学足球水平教学计划的制订

随着现代社会的不断发展,学校体育教育改革也在逐步进行,教师在设计足球教学计划时要以学生身心发展规律和认知特点为依据,并结合学校的具体教学实际进行。

中学足球水平教学计划的制订步骤主要有两个,具体如下所述。

(1)分解教学目标。首先认真分析教学目标的要求;然后依据从简到繁、从易到难的原则对教学目标进行分解;最后选择合适的教学内容展开实践教学。

(2)组合单元。依据学校的具体实际选择能促进教学目标实现的教学内容,以单元的形式呈现教学内容。

(二)中学足球单元教学计划的制订

1. 单元教学计划制订的步骤

(1)确定单元教学目标

在足球教学中,单元教学目标是学期教学目标的细化,换言之,学期教学计划中相应领域的目标要求要通过单元教学计划中不同领域的教学目标体现出来。

(2)确定教学重难点

在上足球课之前,教师要重点分析教材,确定教学的重难点,分析教材主要涉及本单元教学内容与前后教学内容之间的关系、学生学习本节课所要做的准备等,只有这样才能确定教学的重难点,然后制订合理的教学策略,从而取得良好的教学效果。除此之外,教师还要充分考虑足球教材与其他教材之间的联系,适当地扩充与拓展足球教材的内容,以满足学生的学习需求。

(3)分析足球课程资源

在制订单元教学计划时，教师还需要重点分析足球课程资源情况，要了解哪些资源能满足单元教学的需要。如分析现有的足球教学场地与设备能否满足教学的需求；分析现有的足球教材、足球教具等是否有利于提高学生的学习水平等。通过这样的分析，教师心中才有把握，才能根据具体的实际情况设计出有可行性的教学计划。

(4)确定课时教学目标

分解单元教学目标使之成为一系列的教学子目标，这些教学子目标就是课时教学目标。与单元教学目标相比，课时目标更具体，更详细，能够在教学实践中直接实现，课时教学目标要将重点凸显出来，并且能够有很强的概括性。在确定课时目标时，要注意不同课时之间的承上启下。

(5)设计单元教学策略

教学策略是指为实现教学目标而采取的一系列教学行为或方案。教学策略涉及的内容有很多，其中教学手段与方法、教学模式及教学媒体等是最为重要的几个部分。在具体的足球教学中，教师可以采用分组练习或班级集体练习的组织形式进行教学。教师要将教学条件、教材特点以及学生学习水平作为重要的依据。另外，教师还要强调以学生为主体的教学理念，提高学生在教学中的主动性，从而提高教学效率。总之，教师在设计单元教学策略时要综合各方面的要素进行考虑，力争设计出符合学生需求和教学实际的教学策略。

(三)中学足球教案的设计

足球教案的设计与编写是一项非常复杂的工作，首先教师要深刻理解教学理念，在此基础上深入钻研足球教材，并对学生进行具体的分析，然后以此为依据设计与编写出有可行性的足球教案。

1. 教案的内容

编写足球教案不是一件简单的事情，足球教师要为此付出较大的努力，教师要全面分析教材与学生，预测课堂上所出现的问题，并在教案中提出实施与解决的方案。一个完整的足球课教案主要包括教学目标、教学内容、教学步骤、教学组织、时间安排、教学设施、教学反思等内容。这些内容都是足球教案的重要组成部分，缺一不可。

2. 教案的编写步骤及方法

(1)确定教学内容和教学重点

教师在编写足球教案时，首先就要确定好教学内容。如果没有确定教学内容，就无法确定合适的教学目标，这样就会影响教学目的的实现。通常来说，选择足球教学内容时要以学期教学计划与单元教学计划为主要依据。

(2)确定学习目标

①确定课堂学习目标的要求

通过足球课堂教学，期望达到的学习效果就是所谓的学习目标，在设计足球活动时，要以学习目标为依据。确立的学习目标是否合理要通过学生的学习效果来体现，如果学习效果良好，说明教学目标是合理的；反之则是不合理的，需要加以改进。

在确定足球课堂学习目标时还要符合整体性的要求，以体现体育新课程改革与发展的价值取向，要凸显出体育教学的整体效应。

需要注意的是，足球课堂教学目标还要求具有一定的弹性，将学生的个性充分体现出来。

②课堂学习目标的表述

足球课堂学习目标的表述离不开行为主体、行为动词、行为条件、表现水平等四个要素。如，“大多数学生可以在中等速度的跑动中完成脚内侧踢球”，其中行为主体是“学生”，行为动词是

"脚内侧踢",行为条件是"中等速度的跑动",表现水平是"大多数学生"。这样的表述简单,直接,能很好地阐述教学方案,作为教师一定要掌握这一能力。

③目标领域的表述

一般来说,体育课程目标主要有五个领域,即运动参与、运动技能、身体健康、心理健康与社会适应。但需要注意的是,在进行目标的阐述时,并不一定要完全按照这五个领域进行描述。一方面,在具体的教学活动中,不同的足球技能或相关活动也能对学生产生积极的影响,并不仅仅是只能从这五个领域对学生产生作用。另一方面,不同足球技能的教育价值具有隐性和显性之分,隐性的教育价值是在潜移默化中实现的,而显性的教育价值则是可以测量的,能直观可见的。因此,为了提高足球学习目标的可操作性,可以将足球学习目标分为身体发展目标、心理与个性发展目标、教育目标、技能与认知目标四个部分。

(3)设计教学方式

设计教学方式是教案编写的重要部分,设计教学方式也就是设计教授方法与学习方法。教师在设计教学方式时要适当地改变教学策略,积极主动地发现问题,提出问题,分析问题并解决问题,提高学生学习的积极性和能动性。教师还要善于采用启发与引导、鼓励与评价等教学方法,促进学生的全面发展。

在具体的教学活动中,一堂足球教学课主要是围绕一项或几项足球技能进行,因此教师要做好教材的分析,在分析教材的基础上引导学生做好身心方面的准备,结合学生的具体实际选择合适的教学方式进行教学。

(4)设计组织形式

在足球教学课程中,设计组织形式的目的主要是保证教学活动的顺利开展,从而实现既定的教学目标。一般来说,分组教学、队形安排等都是最为常见的组织形式。

常见的教学组织形式主要有同质分组、异质分组及随机分组等,这些组织形式各有优势与特点,同时也有自身的缺陷。足球教师要根据教学内容、课堂教学情况、学生的实际情况合理选择。在编写教案时，教师可以用图例将组织形式写在相应的栏目内，并采用文字的形式对分组形式的变换进行表达，用文字表达的形式呈现出来。

(5)确定过程目标

过程目标又被称为预期效果、阶段目标或形成性目标。在设计课程目标时，要强调学生在学习知识与技能的过程中形成正确的价值观，要充分考虑新课程对教学目标的要求，详细说明课中各项活动的目的，这样能明确足球课程教学的任务与目标，有利于教学活动的开展。

(6)安排教学媒体

教学媒体是指教学活动中所需要的场地、各种器材和设备等。教师在编写足球教案时，要清楚地列出所有的教学媒体，做好充分的准备。除此之外，教师还要事先考虑好需要用到哪些教学媒体，以防出现各种突发状况，只有事先做好准备才能解决各种问题。

(7)课后小结

一份完整的足球教案少不了课后小结这一部分，课后小结主要是教师用来自我反思或进行自我评价的。关于课后小结的内容，教师一定要结合教学实际情况。

三、大学足球教学计划的设计

(一)大学足球学期教学计划的制订

学校足球教学主要包括一个完整的学期，或者也可以是一个学年。在制订教学工作之前，首先要根据实际情况确定教学内容的时数。一个学期中，足球教学工作进程能够通过学期教学计划集中反映出来，教师备课或对课时计划进行编写时，以学期教学计划为直接依据。

(1)学期教学计划中,安排的教学内容一定要与教学精神相符,以全面发展学生的身心素质,促进各学习领域目标的实现。

(2)无论是一学期的教学内容,还是每次课的教学内容,在安排时都要注意与相应学段学生的学习基础和能力相符,对所选内容与前一学段教学内容之间的关系进行充分考虑,以避免出现重复现象,以此来保证经过一个学期的学习后,学生可以对足球知识、技战术有较为全面的掌握,从而促进学生足球学习兴趣的提高和参与足球活动习惯的形成。

(3)要注意系统连贯地安排每次课之间的教学内容,对教学内容之间的横向联系要正确处理,遵循循序渐进的原则,使学生所掌握的知识不断深入与丰富。

(4)在足球教学中,教师要学会因地制宜,充分考虑学校的教学条件,据此制订教学计划。

与中学足球教学比较而言,高校足球教学的时间较长,更具系统性。在对学期教学工作计划进行制订时,可以对高中学期的教学工作计划加以参考,在内容上要对高校足球教学的特点充分考虑,在编写中也要考虑高校足球教学的具体情况。

(二)大学足球教案的设计

在编写大学足球教案时,要按照一定的步骤,采取合适的方法进行设计。设计的步骤与方法如下所述。

1. 确定教学内容

确定教学内容是编写教案的首要工作。尽管目标统领内容,内容的设计要依据教学目标,但在一节具体的教学课中,教学目标是一个具体内容的目标,如果没有确定教学内容,就不可能产生教学目标。

通常情况下,足球课教学内容的确定要以学期和单元教学工作计划为依据。然而这仅仅反映了本次足球课教学内容的主要技能成分。体育新课程教学中对教学过程与学生生活的联系较为重视，强调对课堂的构建要以生活的整体观念来进行。因此，一节足球教学课的设计通常会有一个主题，而教学主题的确定是以主要教材内容为依据的。在确定教学内容时，要考虑学生的经验和足球基础，这样才能设计出符合实际的教学内容，从而提升教学效率。

2. 确定教学重难点及教学关键

在确定教学内容后，教师还要强调教学的重点和难点，甚至包括对教学关键的把握。在足球教学中，最为核心的内容就是教学重点，而学生无法理解或掌握的内容就是教学的难点。教学内容中具有决定作用的技能就是教学的关键。教学重点、教学难点、教学关键三者之间既有联系又有区别，在编写教案时，教师要合理地把握，恰当地处理三者之间的关系。

3. 确定教学目标

确定教学目标时需要注意以下几个方面的要求。

(1)要确立正确的教学目标。一般情况下，确立的教学目标要具有明确性、整体性的特点，同时还有一定的弹性，有调整的空间。

(2)能够完整地陈述足球教学目标。上面已经提到，足球教学目标的陈述应包括行为主体、行为动词、行为条件、表现水平或标准等四个方面的要素。

(3)要合理地处理目标领域。高校足球课程计划中对目标领域的处理与中学足球教案对目标领域的处理有着相似之处，二者可以相互借鉴。

4. 选择教学方式

教学方式设计是教案的核心内容。在传统的体育教学中，教学方式比较单一，难以激发学生学习的兴趣，不利于教学效率的提高。而在现代教育背景下，应加强教学方法的改革，积极引进自主、合作、探究等新兴的学习方式，培养和提高学生自觉学习和参与锻炼的意识。

在新的教育背景下，足球教师要善于挖掘与创新新的教学方式，改变传统的不适应现代教学要求的教学方式，不断提高学生的主体参与意识，促进学生的全面发展。

需要注意的是，教师在设计教学方式的过程中，要重点突出学生在学习过程中的认识活动（发现、探究、研讨等），以帮助学生提高发现问题、分析问题和解决问题的能力。

5. 设计组织形式

组织形式，实际上就是以顺利开展足球课堂教学为目的而采用的方式，分组教学形式、具体的队形安排等都属于组织形式的范畴。

在大学足球教案中，最为常见的组织形式主要有同质分组、异质分组、随机分组和友伴分组四种，这四种组织形式都不是完美的，都有一定的缺陷，足球教师要善于组合起来利用。

足球教师在选择分组方式的过程中要依据教学内容的特点以及学生的具体实际进行，没有一种万能的适合所有学生的分组形式，只有在实践中摸索和试验，才能确定合理的分组形式。

6. 确定教学过程目标

增强学生体质是足球教学一个非常重要的目标，这一教学目标可以通过“生理负荷”的效果体现出来。同时，体育具有重要的育人功能，育人也是足球教学的一个重要目标，这一点也要引起重视。

7. 预测教学媒体

大学足球教案设计中预测教学媒体的环节与中学足球教案设计中预测教学媒体的步骤是基本相同的，可以借鉴，这里就不再赘述。

8. 做好课后小结

课后小结是课时教学计划中的重要内容，通过课后小结，教师能很好地反思教学中存在的各种问题，积累教学工作的经验，为教学水平的提升打下良好的基础。

第二节　小学、初中、高中足球训练计划的设计

一、小学足球训练计划的设计

小学阶段主要是指 6～12 岁这一时期，这一阶段是学生人生旅程中的一个基础训练阶段或基本技艺阶段，对人的一生发展具有非常重要的作用。一般来说，小学阶段可以分为初学阶段（或称启蒙训练阶段）和基础训练阶段（或称基本技艺阶段）两个阶段，在不同阶段要针对学生的特点和规律进行有针对性的培养。

（一）小学阶段足球训练目标

（1）培养学生学习足球的兴趣，提高学生自觉参与足球学习和锻炼的意识，帮助学生初步掌握足球知识与技能。

（2）组织各种足球游戏或比赛活动，让小学生更多地接触球，熟悉球感，提高对球的控制力。

（3）采用各种练习手段帮助学生学习和掌握基本的足球技术。

（4）利用各种教学方式，让小学生明白足球中“进球与阻止进球”的基本思想，理解足球比赛战胜对手、获得胜利的思想。

（5）通过参加各种足球活动或比赛，增强小学生的身体素质。

(二)小学阶段足球训练任务

1. 掌握一定的理论知识

在这一阶段,学生要学习和掌握一定的足球知识与规则,如角球、任意球、罚球点球和球门球等这些内容,学生要慢慢掌握和理解。除此之外,教师还要指导学生掌握一些足球基本常识,了解足球明星的成长经历等,逐渐培养学生的足球兴趣。

2. 提高技术能力

这一时期主要是培养学生的球感,提高其基本的足球技术能力,如熟悉球性,初步掌握控制球的能力,学习和掌握基本的运球、传球、射门等技术。

3. 具备一定的战术能力

通过多种接近比赛场景的训练和小型足球比赛的形式,学习足球基础战术。不仅要对"进球和阻止进球"的比赛基本思想有所了解,对足球个人战术准则和要点有所体会,还要学习射门和阻止对方射门得分的技巧和方法,对比赛进攻的方向有所掌握。除此之外,还要对比赛中的个人攻防战术以及比赛过程中需要做的事情有所了解。

4. 有效增强身体素质

要指导学生掌握基本的跑跳技术,如跑跳、急停、起动、转身等,并保证其正确性;使灵敏、柔韧、协调和速度素质等得到发展和提升。

5. 有效提高心理素质

教师可以根据学生的具体情况组织各种教学活动,让学生感受到足球运动的魅力,激发其学习足球的兴趣。可以通过多种训练手段帮助学生提高对技术动作水平的自信心，促进学生足球水平的初步提升。

6. 通过各种方式提高比赛能力

在具体的足球实践中，教师可以采取各种小型足球比赛的形式进行进攻与防守训练，这是运动员逐步走向真正比赛的最好训练手段和方法。这对于学生足球运动水平的提高也具有重要的意义，值得借鉴。

（三）小学阶段足球训练内容

1. 技术训练

技术训练主要包括以下几个方面的内容。

(1)各种有球练习或游戏练习。

(2)以球门为目标，熟悉球性，提高球感，学习和掌握脚控制球的能力。

(3)学习基本的运球方法和技巧。

(4)利用各种小型比赛，学习和提高脚不同部位传球、接球和射门的技术。

(5)学习和掌握头顶球技术和抢截球技术。

(6)通过各种形式的练习，提高学生控球、运球、传接球、射门等技术水平。

2. 战术训练

(1)提高学生个人战术应用能力，使其理解进攻与防守战术的概念。

(2)通过小型足球比赛，使小学生清楚足球比赛的目标，明确比赛的目标就是进球，战胜对手。

(3)选择简单方式和基础战术要素进行战术配合练习。

(4)通过对抗性练习和小型足球比赛，来使学生个人战术能力得到有效提高，在比赛中，也使其对比赛的洞察力和交流能力得到提升。

(5)通过对个人战术行动准则、基本的攻防原则的逐步了解，将基本战术概念建立起来。

3. 身体素质训练

(1)通过各种一般性身体训练或借助训练器械和游戏，来使小学生灵敏素质和柔韧素质得到有效的发展，进而使小学生平衡能力、肌肉运动感觉区分能力和空间方位感得到提高。

(2)通过接近比赛场景的对抗性训练和小型足球比赛，促进学生灵敏素质、速度素质和耐力素质等的提升。

(3)可以利用不同的训练器材进行各种障碍赛、反射练习、平衡练习等，以提高学生的综合身体素质。

4. 心理素质训练

(1)通过各种足球训练或比赛的方式，激发学生学习足球的兴趣，让他们充分享受到足球的快乐。

(2)培养和提高学生对自然环境和人际环境的适应能力。

(3)激发学生学习足球的热情，提高其足球训练中的注意力。

(4)培养和发展学生的个性。

(5)培养学生的集体主义精神和良好的比赛作风。

5. 智能训练

(1)学习和掌握基本的足球竞赛规则，并将其应用于足球实践比赛之中。

(2)观看专业足球队的训练和比赛，吸收和借鉴先进的经验。

(3)介绍球星成长经历，让小学生受到鼓舞。

(4)介绍足球比赛阵型及各个位置的职责和要求。

6. 比赛能力训练

通过各种形式的足球比赛，提高小学生基本技术能力，提高小学生观察与交流的能力。足球基本技术是这一阶段的教学重点,教师要予以高度重视。

(四)小学阶段足球训练注意事项

1. 对小学生进行正确的训练指导

在具体的足球实践中,教师要给予小学生正确的训练指导。教材给学生提供的只是指导性意见,为提高学生的足球水平,必须要理论与实践相结合,教师要根据小学生的特点及足球水平选择合理的训练内容与方式。

2. 合理的训练内容与方法

在平时的训练中,教师要想方设法地保护小学生对足球运动的新鲜感,激发他们学习足球运动的兴趣和意识。要根据小学生的需求选择合适的训练内容和方法。

3. 发展决策技能

在传统的训练方式中,教练员过多地强调技术与技能的教学与训练的作用,其代价是妨碍了传授和练习战术技能发展所需要的关键因素:决策技能的发展。学习技术与技能占用了大部分练习时间,而这样的练习常常减少了运动员自己的思考和决策。组织恰当的技术练习对技术的发展是有价值的,但实战经历通常对技术和战术技能的发展更为有利。

4. 熟悉球性,获得球感

充分理解小学年龄组“球是目标”和“与球交朋友”(人与球是陌生的)的含义。安排小学年龄组训练时,要以小运动员更多地接触球为目的,采用多种形式的训练,使他们熟悉球性,达到熟练地控制球的目的。

5. 接近比赛要求的技术练习

从开始学习足球技术起，就尽可能地以小型足球比赛、接近比赛场景的训练和近似比赛的游戏为背景。单纯的技术练习也要尽可能符合比赛的特点要求，最终回归到比赛的环境中去。少年儿童早期足球训练，学习技术动作的实用性比规范性更有意义。

6. 接近比赛要求的战术练习

一般情况下，足球战术练习应尽可能地在小型足球比赛或接近比赛场景的对抗环境中进行。通过各种类型的实践比赛提高学生的足球战术能力。

7. 培养学生特定比赛局面的足球意识

小学生多参加一些足球比赛对自己足球水平的提高是非常有帮助的，通过这些比赛可以培养小学生特定比赛局面的球场意识。小学生必须清楚，本方控制球、对方控制球和控球权发生变化时的不同场合的职责和任务。而这些能力需要在具体的比赛实践中培养和获得。

二、初中足球训练计划的设计

初中阶段主要是指 12～16 岁这一时期，这是逐步提高阶段或对抗性技艺阶段。具体而言，就是在小学训练阶段的基本技艺的基础上，促进中学生足球技能的进一步发展。

（一）初中阶段足球训练目标

1. 进一步培养学生的足球兴趣

在这一阶段中，培养学生的足球兴趣仍然是一项重要的任务，要激发初中生进一步参加足球活动、学习足球知识的强烈愿望。

2. 进一步提升对抗技艺

在具体的教学实践中，要进一步提高学生学习的效率和质量，使其技术细节得到进一步的细化，对抗技艺也得到有效提升。另外，还要使初中队员在对抗环境中运用技术、技巧的合理性、实用性和稳定性得到有效发展和提升。

3. 加强观察力和交流能力的培养

培养学生的观察力与交流能力非常重要。要想更好地教授个人和小组战术，并且对个人和小组战术的训练内容进行目的明确的训练，就可以采用各种比赛的形式。

4. 提高学生的技战术运用能力

通过多种多样的比赛形式，有效提高学生的对抗能力，以真实比赛涉及的所有因素为主要依据给予指导，针对比赛中的薄弱环节进行训练指导，使其在更大的压力、更快的比赛速度和节奏、更大的强度的情况下完成技术、战术的能力得到有效的提高。

5. 使身体素质得到全面的发展

通过一般和专项力量训练、有氧和无氧耐力训练，促进学生速度素质、灵敏素质和协调性的提高，从而促进学生的全面发展。

（二）初中阶段足球训练任务

1. 理论知识方面

(1)理解足球竞赛规则和裁判法，服从裁判员管理，形成良好的比赛习惯。

(2)了解与掌握足球攻防与基本战术知识，逐步提高整体战术意识。

(3)了解与掌握心理学、生理学基础知识。

(4)在平时的学习和生活中养成良好的生活习惯。

2. 技术能力方面

逐步提高控球能力，重视足球技术的细节问题，纠正技术动作的弱点。除此之外，还要帮助学生学习位置技术，培养和发展学生独具个性的技术特点和位置技术特点，提高学生应用技术的准确性和合理性。

3. 战术能力方面

在不断的学习和比赛中，促进小组进攻和防守战术得到进一步的完善。学习与完善定位球攻防战术。学习 7 人制和 11 人制正式比赛战术和比赛阵型，使比赛中学生运动员观察和交流能力得到有效的提高。同时，也要进一步学习和掌握小组进攻和防守的基本方法和原则，以及全队整体攻防战术方法和战术原则。另外，还要通过各种方式促进学生战术意识的提升。

4. 身体素质方面

学生的身体素质非常重要，在平时的训练中要把速度、力量、柔韧、协调、灵敏性等与有球活动结合起来。在比赛和接近比赛场景的对抗性训练中使有氧耐力素质、速度素质和力量素质得到有效的发展和提升。然后在此基础上，将爆发力和比赛中结合球的速度能力的提高作为重点。另外，也可以适当安排一些专门的力量练习，这对于学生的发展非常重要。

5. 心理素质方面

在心理素质方面，要培养和发展学生的足球认知水平，不断提高学生的思维能力。同时，要帮助学生学习自我调节和克服焦虑的方法。对创意性、自信心、责任感和自我管理意识进行有针对性的培养。除此之外，还要进一步加强学生的心理稳定性训练，促进学生心理素质的稳步提升。

(三)初中阶段足球训练内容

1. 技术训练

(1)通过各种对抗性训练或比赛，提高学生对抗情况下快速完成技术动作的能力，并提高学生应用技术的准确性、实效性和合理性。

(2)在各种小型足球比赛中提高和完善学生控球能力。

(3)在小型足球比赛和接近比赛场景的对抗性训练中对技术动作的错误和薄弱环节进行相应的纠正，同时，借助于强化训练进一步改进技术，进行“技术储备”。

(4)通过各种形式的足球比赛或训练，逐步提高和完善学生的足球技术动作细节。

(5)通过各种形式的比赛和训练提高学生合理运用技术的能力。

(6)使学生对抗局面下技术的应用能力、完成技术动作的节奏和速度都得到有效的提升。

2. 战术训练

(1)通过各种形式的足球比赛训练，提高学生的观察能力和交流能力。

(2)通过各种形式的训练，逐步提高学生的一对一个人攻防能力，以及二、三人局部攻守战术，各种形式的二过一战术，第二空当、连续二过一战术配合等方面的能力。

(3)通过比赛和训练，帮助学生学习和掌握足球局部攻守战术，使传球与接应、盯人、紧逼与保护、创造和利用空间、控制与封锁空间等能力得到进一步的巩固，从而掌握较好地创造射门机会的局部攻防战术。

(4)通过各种比赛,提升学生对比赛的理解能力,并且将学习的重点放在提高比赛三个重要时刻的行动准则和方法上。同时,还要使学生对在不同场区、不同时刻、不同位置、每条线和每一位置运动员应该采取的战术行动和行为准则有所了解。

(5)通过11对11人制的正式比赛,学习全队进攻战术和全队防守战术。

(6)以小型足球比赛和正式比赛中暴露的问题为依据,来对在对抗局面和接近比赛场景训练下的战术行动的错误和薄弱环节进行纠正。

3. 身体素质训练

(1)可以采用多种形式的有球和无球训练,提高学生的速度素质、灵敏素质和协调性等素质。

(2)做各种反应和起动速度练习,提高学生的速度素质和力量素质,尤其是爆发力,这对于足球运动来说至关重要。

(3)通过小场地的传抢练习和快速的运球、传球、接球和射门练习,使学生完成技术动作的速度得到有效提升。

(4)通过与比赛要求的有机结合,利用定时跑、间歇跑、变速跑来使学生的有氧耐力素质得到有效发展。

(5)做各种变速跑、折返跑和小场地的限时传抢等练习,逐步提高学生的无氧耐力素质,要注意运动负荷的合理把握与调整。

(6)与有球练习结合起来进行系统的力量训练。

(7)以球员的不同需求为依据,组织有针对性的个体身体训练。

(8)通过游戏和技战术训练的方式来使身体素质得到全面巩固。

4. 心理素质训练

(1)对学生自信心、观察和思维能力进行培养与训练。

(2)对学生勇敢、顽强、自制、冷静、独立、果断、稳定、自信的心理品质进行培养。

(3)提高学生适应各种比赛环境、条件能力和心理承受能力。

(4)对学生的专项注意能力、观察能力、思维能力、应变能力进行培养。同时,还要进行赛前、赛中和赛后的心理训练和调节,使其责任意识得到进一步强化。

(5)有针对性地进行自我控制与自我暗示训练、增强自信心的训练以及观察和思维能力训练。

(6)对自信心进行进一步的培养,将学生争强求胜的欲望激发起来,引导学生形成正确对待胜负的价值观。

5. 智能训练

(1)继续学习足球竞赛规则和足球竞赛裁判法,使学生进一步理解并熟练运用。

(2)对现今足球运动发展趋势及其技战术特点进行讲授,使学生学习足球技战术理论知识,定期进行比赛分析和战例分析。

(3)与实战分析相结合,将全队攻守战术理论传授给学生。

(4)向学生介绍和足球运动密切相关的运动解剖、运动生理、运动心理、营养、卫生和医务监督知识。

(5)帮助学生学习和掌握定位球攻防战术。

(6)对学生积极进取、拼搏向上的精神进行培养。

6. 比赛能力训练

(1)通过 4 对 4 比赛,使学生 1 对 1 个人攻防技、战术能力和小组攻防能力得到提升。

(2)通过 7 对 7 人制足球比赛,使学生个人、小组攻防技、战术能力,基本技术,洞察力和交流能力,尤其是洞察力和交流能力得到有效提升。

(3)通过 4—4—2 阵型的 11 对 11 人制比赛的基本打法阵型,来逐渐对 4—3—3 阵型、3—5—2 阵型和 3—4—3 阵型进行了解和运用。

(四)初中阶段足球训练注意事项

1. 提高学生的自信心

由于中学生的足球水平还不是很高，在平时的练习过程中难免会出现一定的失误或失败，这是不可避免的，我们应该将其看成是学习过程中经验的累积。教师或教练员要在学生运动员学习的过程中通过不断的赞扬，鼓励运动员，提升他们的自信心。

2. 不断改进技术细节

在足球训练中，每一次重复训练都应该是前一次训练基础上的提高和升华，教练员要通过不断重复来改进学生运动员技术动作的细节，提高学生运动员比赛中应用技术的实用性和合理性。

3. 发展个体特长技术

针对有特点和特长的学生运动员，对他们进行个别指导和分组训练，进一步提升学生的足球水平。要针对他们比赛中的薄弱环节和发现的问题，通过正确训练和指导加以改进。

4. 初步形成球队的技、战术特点

要使学生在各种类型的比赛中学习和了解比赛不同时段(本方控球时、对方控球时、攻守转换时)、不同场区、不同位置自己的职责和任务，初步形成球队的打法风格和技、战术特点。

三、高中足球训练计划的设计

高中阶段主要是指 16～18 岁这一时期，这一阶段是学生足球运动水平全面发展和提高的时期。这一阶段对于学生足球运动水平的提高至关重要，因此要引起高度重视。

(一)高中阶段足球运动训练目标

1. 保证体育道德观念与比赛态度的正确性

合理激发学生积极进取的欲望,对学生的体育道德和敬业精神进行重点培养,从而使其形成良好的训练和比赛作风,将自身特点充分发挥出来,在此基础上,为进入高水平足球生涯(职业足球)奠定良好的基础。

2. 不断提高个人技战术运用能力

通过参加各种类型的体育比赛,进一步完善与发展学生的比赛技艺。除此之外,还必须以精益求精和一丝不苟的态度改进技术细节,从而在技术与技巧上加以提高。

3. 促进全队综合能力的发展和提升

对全队战术有关的内容继续进行强化训练,使学生对比赛的分析能力得到提升。熟悉和适应球队不同的战术组织,使球队的打法风格得到进一步完善。比赛时在全队打法的指导下,力求独立、负责、高质量地完成位置职责,通过个人特长技术的巩固,使团队战斗力得到有效增强,从而取得理想的比赛成绩。

4. 使专项要求下的身体素质得到进一步提升

利用各种形式的训练或比赛来发展和适应 90～120 分钟比赛需要的有氧耐力、无氧耐力、爆发力和快速恢复力。

(二)高中阶段足球运动训练任务

1. 理论知识方面

使学生对足球竞赛规则的掌握和运用能力进一步提高,对整体攻守战术知识有所掌握,同时,还要对比赛战例分析进行学习。

除此之外，还要使学生对运动医学和训练学有关知识有所了解，并且进行职业球员行为规范教育。

2. 技术能力方面

对比赛和训练中暴露的技术问题和弱点进行纠正和改进。对技术细节较为重视，同时，也强调位置技术，将个人技术特点突出出来，使个人技能更加完善。使学生高速度、强对抗比赛中运用技术的稳定性、准确性和合理性得到提高。

3. 战术能力方面

通过小型足球比赛和 11 对 11 人制的正式比赛，使学生在比赛中暴露的问题和弱点得到改进。要求学生对全队整体战术和专门战术打法，以及进攻战术、防守战术、攻守转换战术打法进行学习。除此之外，还要使其个人战术、局部战术和全队整体的战术意识，以及适应球队不同的战术组织、战术变化的能力都得到有效提高。

4. 身体素质方面

这一阶段身体素质的发展，具体来说，就是使其适应高水平足球比赛需要的身体素质得到发展。在发展全面力量素质的基础上，重点进行起动速度、跳跃、射门力量相关肌肉群的爆发力训练，从而使学生的动作灵敏性和协调性都得到发展和提高。以学生个体需要为依据，组织个体化身体训练。需要强调的是，身体训练的各个方面都要与高度竞争的足球比赛联系起来。

5. 心理素质方面

通过多种手段来对学生的训练动机进行保护和培养。同时，还要进行自我控制与自我暗示训练，使学生的自信心、思维能力和比赛的心理稳定性得到发展。除此之外，还要教会学生对由竞争所引起的焦虑和精神紧张进行有效的控制，培养他们的社会责任感。

（三）高中阶段足球运动训练内容

1. 技术训练

(1)突出学生个人特点，通过各种形式的比赛，提高学生运用技术的合理性和实用性。

(2)现代足球对运动员的技术要求非常高，因此，要促进学生各方面素质的发展和提高。使学生在技术细节，技术动作的速度，技术的准确性、稳定性等方面都得到发展和提高。

(3)帮助学生熟悉比赛的节奏，提高其对场地空间的划分、防守的位置、防守中的保护、对抗和延缓进攻等方面的能力。

(4)通过小组对抗训练的组织形式来进行技术训练。需要强调的是，练习的内容、练习的基本要求要符合现代足球技术特征和要求。

(5)充分利用各种对抗性训练或比赛进一步提升学生的足球技术能力。

2. 战术训练

(1)进一步提高学生不同位置和各条线的战术能力。

(2)在训练和比赛中纠正学生的各种错误动作，使学生积累比赛经验，形成良好的洞察力、交流能力和应变能力。

(3)在平时的训练中，重视全队的战术训练，同时，还要全面发展在较高压力下创造与利用、封锁与控制比赛时空的个人战术、小组战术与全队战术能力。

(4)训练要与实战需要相结合，促进学生整体性战术、专门性战术和攻守战术等能力的提高。

(5)通过各种训练或比赛逐步提高学生对比赛的理解能力和分析能力。同时，还要使学生加强对比赛阵型特点的理解，发展局部和整体战术意识。通过足球比赛，提高学生的技战术利用能力。

3. 身体素质训练

(1)进一步发展学生的足球专项体能。

(2)要保持进行大强度的速度、有氧耐力、反应速度、协调性专项练习,以及增加大强度的无氧耐力训练和最大力量训练。将学生适应高水平比赛需要的爆发力和快速恢复能力的发展作为重点。

(3)以学生个体和位置的需要为依据,来组织个体化身体训练。

4. 心理素质训练

(1)培养学生的训练动机。

(2)培养学生的自信心和观察、思维能力。

(3)提升学生心理稳定性,消除其焦虑情绪和精神紧张。

(4)培养和提升学生的社会责任感和球队意识。

5. 智能训练

(1)进一步发展和提高学生对足球竞赛规则和足球裁判法的运用能力。

(2)要求学生掌握一定的整体攻守战术知识。同时,还要教授学生生理学、训练学等方面的知识,并让学生汇报真实的比赛情况。

6. 比赛能力训练

在平时的教学与训练中,主要以 11 对 11 人制正式比赛为主。比赛以 4—4—2 阵型为基本打法阵型,以 4—3—3 阵型、3—5—2 阵型和 3—4—3 阵型作为掌握阵型知识、丰富打法和提高实战能力的辅助阵型。以周末赛为主,可参加大区和全国范围比赛,以此来提高学生的比赛能力。

（四）高中阶段足球训练注意事项

1. 不断提高足球训练的效率

教师或教练员要结合学生的特点及具体实际周密地设计和组织训练。通过有效的训练和正确的指导，提高学生学习的积极性，不断提高其技术水平。

2. 选择合理的组织形式

训练的组织形式是教练员为学生运动员搭建的一个重要平台，学生运动员可以充分展现自己的选择。教练员起着重要的引导作用。

3. 不断完善个人技、战术特点

使学生在比赛的情景中不断完善技术细节，鼓励个性技术特点的发挥和应用。进一步发展位置技术是该年龄组技术训练的重点。

4. 不断增强运动的自信心

教师或教练员要给予学生必要的心理支持，不断提高学生的心理素质和自信心，加强其与团队合作的能力。

第九章　校园足球游戏课程教学设计

足球游戏是校园足球课程中经常选用的教学内容与形式，教师在足球教学过程中通过组织学生参加各种校园足球游戏来提高学生参与足球运动的积极性和主动性，活跃足球课程课堂教学气氛，并将足球体能、技能内容融入到足球游戏过程中去，寓教于乐，对促进学生足球体能、足球技能、足球运动实战能力的提高均具有重要的作用。本章重点就校园足球游戏课程中的教学内容与教学组织形式设计进行系统解析，以便教师与学生参考学练。

第一节　传接球游戏教学设计

一、运输队

游戏设计目的：提高学生传接球的技术水平。

游戏准备：足球场地半块，足球若干个。

游戏方法：

(1)在场地的一端画一条标志线，在场地的另一端画两个间距为 10 米、半径为 2.5 米的圆圈，标志线与圆圈之间为传球线。

(2)全体学生均分为两队，每队选一名学生站在与队伍相对的圆圈内。

(3)其余的学生站在标志线后，每人 1 球。

(4)游戏开始，标志线后的学生依次把球放在传球线上，将球传给本队圆圈里的学生。圈内同伴用合法部位接球，将球接入圆圈。

(5)先将本队的全部球接入圆圈的队获胜(图 9-1)。

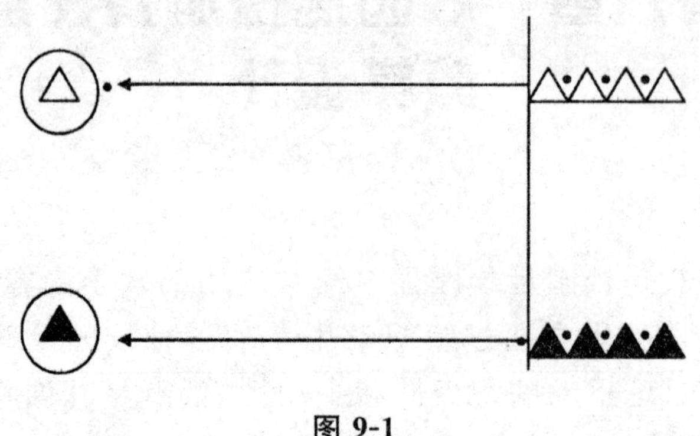

图 9-1

游戏规则：

(1)圈内学生不可以出圈接球。

(2)传球方法应为长传球，不能是地滚球。

(3)传球学生应等圈内学生将上一个球放好后再传球。

(4)不得干扰对方学生传接球。

游戏设计建议：

(1)可根据学生水平调整传球距离。

(2)可提高游戏难度，在传球线上设置一个标志点，要求长传球的第一落点超过标志点。

二、节节高

游戏设计目的：提高学生对传球技术的掌握程度与对传球弧线、落点的控制能力。

游戏准备：足球场地 1 块，足球若干个。

游戏方法：

(1)所有学生列一纵队，每人1球。

(2)由队首的学生开始，每人做两次传球，一次高传球、一次低传球。

(3)以交替次数累计，规定时间内传球次数多者获胜(图9-2)。

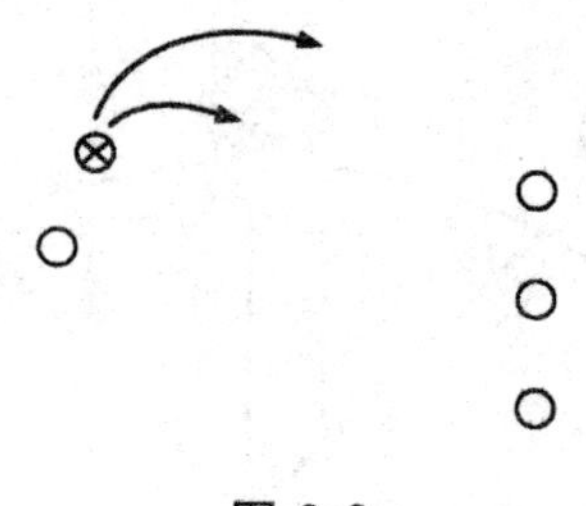

图 9-2

游戏规则：

(1)运用正确的手形保持好击球点做自传。

(2)高低两次传球高度应有明显差别。

(3)高传球时，球的飞行弧线最高处应距地面超过3米。

游戏设计建议：

(1)结合学生情况可对高传球所要求的球的飞行高度进行适当调整。

(2)传球的技术动作应准确，否则传球无效，不计入次数。

三、绕圈传球

游戏设计目的：提高学生传球的准确性，增强传球责任感。

游戏准备：小足球场地1块，标志旗若干，足球若干。

游戏方法：

(1)在场地上画一个直径为20米的圆圈，圈内随意插数面旗子。

(2)全体学生均分为两队，两队队员交叉站在圈外，一对一等距站立。

(3)每个队都有一半队员持球,并记住自己所对应的同伴。

(4)游戏开始,全体逆时针绕圈跑动,并伺机通过圆的直径传给自己的同伴(图 9-3)。

(5)顺利传给同伴得 1 分,规定时间内,传球成功次数多的队获胜。

图 9-3

游戏规则:

(1)传球时,球不得碰倒旗子,碰倒的旗子由传球者负责竖起。

(2)所有人必须在圈外跑动和传球。

游戏设计建议:

(1)根据学生技术水平,适当增减圈内旗子数量。

(2)根据学生技术水平,决定是否限定传球脚法。

四、三角传球

游戏设计目的:提高学生的原地传球能力和传球准确性。

游戏准备:平整的空地 1 块,每 3 人 1 个足球。

游戏方法：

(1)3 人一组，每两组交错站位。

(2)队员之间各相距 3～4 米，每人持一球。

(3)如图 9-4 所示，①传②，②传③，③传①，❶传❷，❷传❸，❸传❶。反复进行，先失误的队失败。

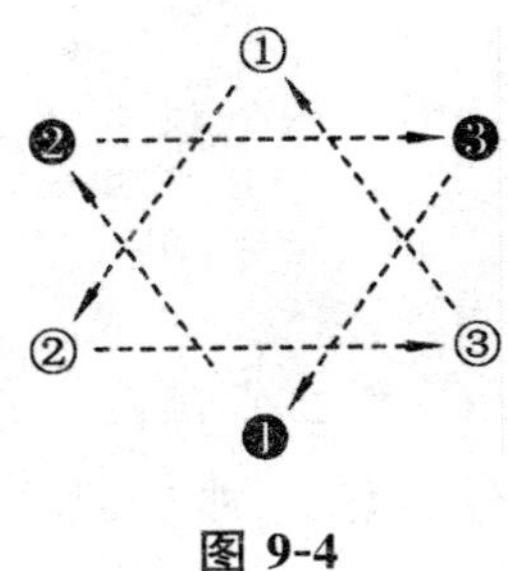

图 9-4

游戏规则：

(1)反复传球，先失误的队失败。

(2)传球技术动作应正确，尽量不传地滚球。

游戏设计建议：

(1)根据学生技术水平，调整队员之间的距离。

(2)结合学生情况，两队可成交叉三角传球，也可分别在不同区域进行三角传球。

五、传球逗猴

游戏设计目的：提高学生的传接球技术水平和相互接应意识。

游戏准备：足球场地半块，足球 1 个。

游戏方法：

(1)6 人一组，4 人站成一个正方形，2 名学生站在正方形内。

(2)在正方形顶点站立的学生连续传接球，正方形内的 2 名学生阻截球(图 9-5)。

(3)如传接球学生失误，替换中间抢球学生，游戏继续。

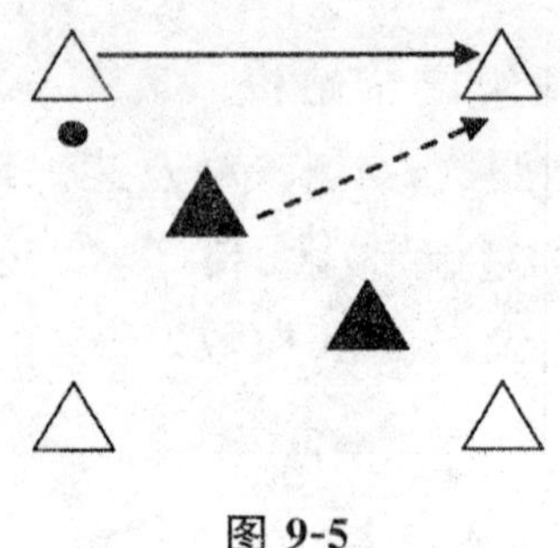

图 9-5

游戏规则：

(1)传接球的学生应在自己站立位置传接球，不得移位。

(2)传接球失误、没有将球传到位，失误者与抢球的学生互换位置。

游戏设计建议：

(1)根据学生的技术水平，确定传抢球学生的人数。

(2)根据学生的技术水平，确定正方形场地的大小。

(3)为避免消极参与，可规定传接球达到一定次数后，第一次失误可免受惩罚。

六、投篮比赛

游戏设计目的：提高学生凌空传球的准确性。

游戏准备：足球场地半块，足球 20 个，球筐 2 个。

游戏方法：

(1)所有学生均分为两队，成纵队站好。

(2)每队选一名学生负责传球。

(3)场地上，在与纵队有一定距离的地方放置一个球筐，负责传球的学生站在球筐后。

(4)传球者大力传球给本队位于队首的同伴。

(5)队首学生接球后，快速将球踢回，要求踢进球筐内(图 9-6)。

(6)各队队员依次进行，踢入球筐次数多的队获胜。

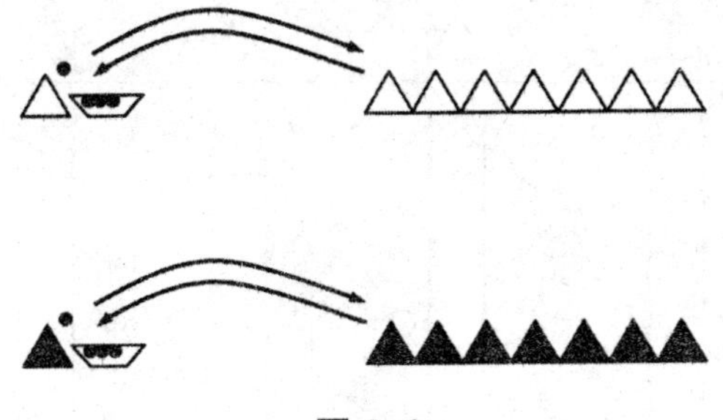

图 9-6

游戏规则：

(1)踢球学生接到球后，应尽快将球踢回。

(2)踢球学生应在原地踢球，不得助跑。

(3)抛球学生可配合本队队员进行二次补踢球，使球落入球筐，但不能在球着地后再踢。

游戏设计建议：

(1)根据学生技术水平，决定球筐与球队队首学生的距离。

(2)根据学生技术水平，可限定或不限定传接球技术方法。

七、看谁传得快

游戏设计目的：提高学生快速、准确传球的能力。

游戏准备：足球场地半块，足球若干个，标志物若干个。

游戏方法：

(1)在足球场地上画两条间距为 5 米的平行线。

(2)两人一组，一人持球，两人相对分别站在两条平行线上，两人中间放两个间距为 0.5 米的标志物。

(3)游戏开始，两人迅速传接球，球应传过中间的两个标志物(图 9-7)。

(4)先完成 50 次传球的一组获胜。

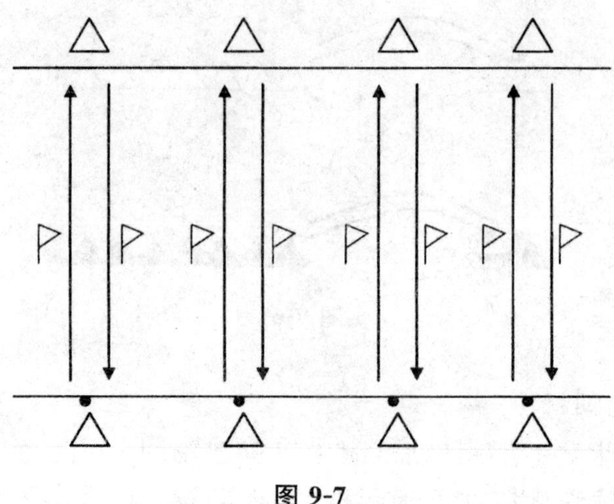

图 9-7

游戏规则：

(1)传球不限脚法。

(2)传球必须从两个标志物中间穿过，否则无效，不计次数。

(3)传球时球的高度不能超过标志物的高度。

(4)传球时，击球点应在平行标志线后，不能越线。

游戏设计建议：

(1)结合学生实际水平，可以增加难度，如只用某一个部位传球。

(2)分组应实力相当，尽量公平。

八、火车穿山洞

游戏设计目的：提高学生传地滚球的准确性。

游戏准备：足球场地半块，足球 2 个。

游戏方法：

(1)所有学生均分为两队，队首学生持球；各队剩下的学生两腿开立，站成一列。

(2)队首学生与本队其他学生相对站立。

(3)游戏开始，队首学生迅速将球从同伴裆下传过，然后迅速站到队首，队尾学生接球后运球到原传球者的位置(图 9-8)。

(4)各队队员依次进行传球、接球、运球，先完成的队获胜。

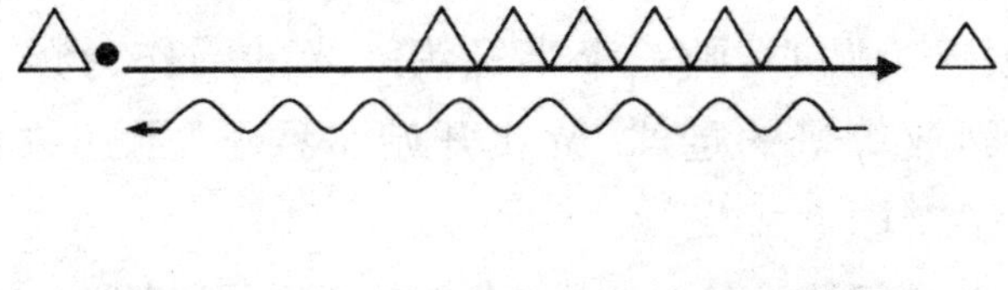

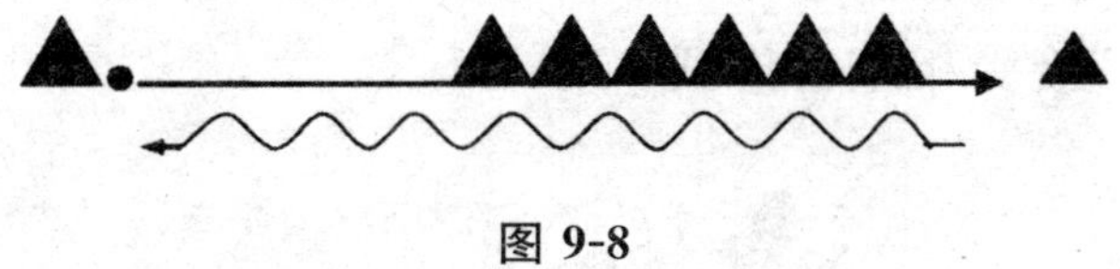

图 9-8

游戏规则：

(1)传球时的踢球方法不限，但传出的球应经过同伴裆下传至最后一人。

(2)同伴不得用手或脚接触球，帮助球的传送。

(3)传出的球未到达最后一人，应重新传球。

游戏设计建议：

(1)根据学生技术水平，限定或不限定传球技术方法，如指定用脚内侧传球。

(2)位于队列中的队员可尽量分开两脚，彼此之间应紧邻，或调整队员间的距离以增加或减少游戏难度。

(3)传球应注意安全，避免踢伤位于队首的学生。

第二节　运球游戏教学设计

一、猴子运桃

游戏设计目的：提高学生快速、准确的运球能力。

游戏准备：一块大的平整足球场地，足球若干个。

游戏方法：

(1)学生为“猴子”，球为“桃子”。

(2)在场地上画一个边长为 6 米的等边三角形，分别以三角形的三个顶点为圆心，画三个半径为一米的圆作为猴子的“家”。

(3)各圈放等量的足球，游戏开始，“猴子”迅速去其他“猴子”家中运“桃子”(图 9-9)。

(4)规定时间内，家中“桃子”多的“猴子”获胜。家中“桃子”少的“猴子”接受相应的惩罚。

图 9-9

游戏规则：

(1)每次只能运一个“桃子”。

(2)运回的“桃子”必须放回家中，不得直接踢进家中。

游戏设计建议：

(1)根据学生的技术水平，确定三角形的大小。

(2)可以拓展三角形运球为四边形、五边形、六边形运球。

(3)根据场地大小和教学实际，调整足球数量。

二、蚂蚁搬家

游戏设计目的：培养和提高学生快速准确的运球能力。

游戏准备：平整宽阔的足球场地，足球若干个。

游戏方法：

(1)在场地上画一个直径为10米左右的圆圈，圆圈周围有若干个“窝”。

(2)队员站在各自“窝”内，游戏开始后，迅速将圆圈内的球运到自己的“窝”内(图9-10)。

(3)规定时间内，“窝”内的球数量多者获胜。

图 9-10

游戏规则：

(1)任何人不得抢其他“窝”内的球。

(2)任何人不得截断他人的运球。

游戏设计建议：

(1)根据学生情况，确定圆圈大小、足球数量多少。

(2)注意游戏安全，避免运球中冲撞。

三、绕杆运球

游戏设计目的：提高学生变速、变向情况下的运球能力。

游戏准备：足球场地 1 块，标杆 6 个，足球若干个。

游戏方法：

(1)场地上等距间隔插上标杆。

(2)所有学生均分为两队，每一队纵队排列在标志线后，从队首学生开始，运球绕杆前进，再运球返回(图 9-11)。

(3)所有队员依次进行，先完成运球的队获胜。

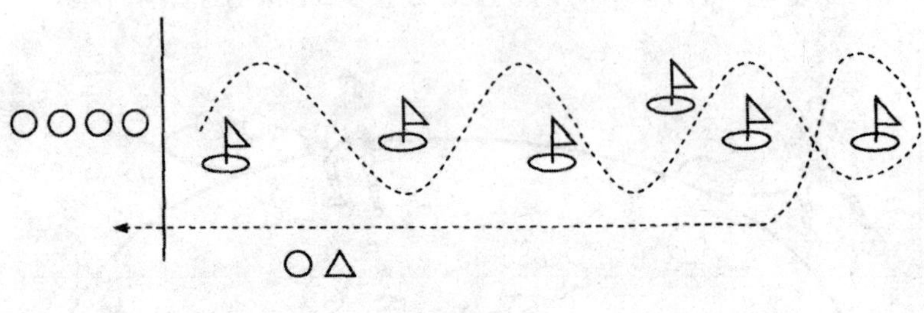

图 9-11

游戏规则：

(1)必须按规定路线绕过标杆。

(2)运球偏离规定路线后应重新出发。

(3)碰到标志杆不算犯规，但必须绕过 2 个标志杆，漏杆的带球成绩无效。

游戏设计建议：

(1)根据学生技术水平，可增加或缩小标杆之间的间隔距离。

(2)根据学生技术水平，可延长或缩减规定的运球时间。

四、你来我往

游戏设计目的：提高学生脚下控球能力。

游戏准备：足球场地 1 块，足球若干个。

游戏方法：

(1)所有学生均分为两队，相距一定的距离面对面站好。

(2)游戏开始，队首学生控球运球前进，带球移动到对面后，将球交给第一人，该名队员控球运球返回。

(3)两队队员依次完成控球运球,先完成游戏的队获胜(图 9-12)。

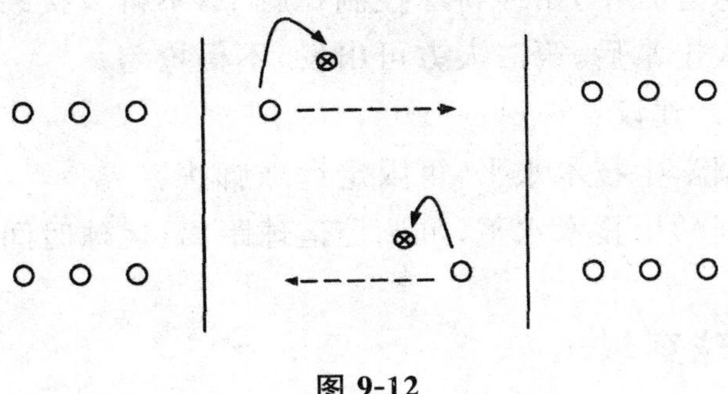

图 9-12

游戏设计建议:

(1)根据学生情况,确定运球距离。

(2)教师可增加运球难度,如在学生运球期间,鸣哨一声,运球暂停;鸣哨两声,运球继续。

五、运球接力

游戏设计目的:培养学生的快速运球行进能力。

游戏准备:足球场地 1 块,足球若干个。

游戏方法:

(1)全体学生均分为两队,在起始线后站好。

(2)游戏开始,两队排头运球前进,将球放在正前面的圆圈后,迅速跑回,与本队第二人击掌,回到队尾,第二人出发运球。

(3)各队队员依次进行,先完成的队获胜(图 9-13)。

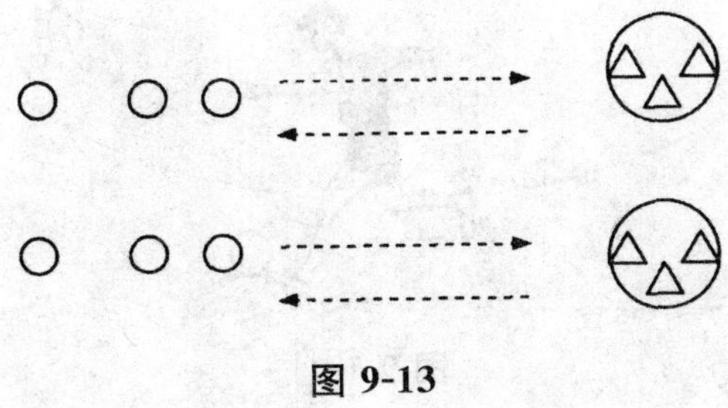

图 9-13

游戏规则：

(1)运球过程中，始终将球控制在脚下，不得直接踢远跑进。

(2)两人击掌后，第二人方可出发，不得抢跑。

游戏设计建议：

(1)根据学生技术水平，可限定运球脚法。

(2)根据学生技术水平，可调控运球距离、运球时间。

六、运球穿越

游戏设计目的：提高学生运球、控制球以及变换方向运球的能力。

游戏准备：足球场半块，足球 20 个。

游戏方法：

(1)在场地上画一个直径为 15 米的圆圈。

(2)所有学生持球，围圆圈运球，听到信号，迅速运球穿过圆圈中心(图 9-14)。

图 9-14

游戏规则：

(1)出现碰撞的队员罚做两个俯卧撑。

(2)运球者不得偏离圆圈太远。

游戏设计建议：

(1)根据学生的技术水平，确定通过圆圈的速度。

(2)穿过圆圈时注意避免碰撞。

七、运球追捕

游戏设计目的：提高学生随意运球的能力和技巧水平。

游戏准备：足球场地，足球20个。

游戏方法：

(1)全体学生均分为两队，每人一球，一队为追捕方，另一队为逃跑方。

(2)在场地规定圆圈内活动，游戏开始，追捕方运球并用手捕捉逃跑方，逃跑方尽力躲避(图9-15)。

(3)被捉者离开场地，直到所有学生被捉到。

(4)互换角色再进行游戏，追捕用时少的队伍获胜。

图 9-15

游戏规则:捕捉逃跑方用时短的队伍为胜方。

游戏设计建议:

(1)根据学生技术水平,可限定或不限定运球的方法。

(2)根据学生数量多少,确定圆圈场地大小。

八、防守运球

游戏设计目的:提高学生运球时的控球能力和防守移动能力。

游戏准备:足球场半块,足球10个。

游戏方法:

(1)画一个直径为15米的圆圈。圈内每两人为一组,一攻一守,进攻者在圈内运球,防守者抢球,抢到一次得2分(图9-16)。

(2)规定时间内,得分多者为胜。

图 9-16

游戏规则:

(1)抢球时可以使用合理冲撞技术和倒地铲球动作。

(2)分组游戏时,只用一个球,各组可互相配合掩护抢球。

(3)攻守双方均不准跑出圆圈。

游戏设计建议:

(1)根据学生技术水平,可限定或不限定运球的方法。

(2)根据学生数量多少,确定圆圈场地大小。

(3)可限定抢断球者的技术方法,如必须使用合理冲撞技术。

第三节　头球游戏教学设计

一、连续顶球

游戏设计目的:提高学生的控球能力和顶球技巧,发展灵敏素质。

游戏准备:足球场地,足球若干个。

游戏方法:

(1)全体学生均分为人数相等的若干队,各队呈纵队排列,相互间隔 4 米。

(2)每队选出一人抛球,抛球人距队首队员 3 米。

(3)游戏开始,各队抛球人依次抛球,各队队员依次用头顶球技术将球顶回(图 9-17)。

(4)各队完成游戏后顶球成功次数多的队获胜。

图 9-17

游戏规则：

(1)抛球人接住本队队员顶回的球算成功一次。

(2)按顺序依次顶球。

游戏设计建议：

(1)根据学生的技术水平,可缩小或扩大顶球距离。

(2)根据学生的技术水平,可限定或不限定顶球方法。

二、迎面顶球

游戏设计目的:提高学生迎面顶球的能力和准确性。

游戏准备:小足球场1块,足球若干个。

游戏方法：

(1)在场地上画两条相距2～4米的横线,四队学生分别按纵队排列在横线两端,两两相对,相对的两个队为一组。

(2)游戏开始,横线后相对站立的排头同学相互配合,一人持球抛球,另一人头顶球,完成抛球—顶球后,回到队尾,换下一名同学(图9-18)。

(3)各组队员依次进行,顶球成功次数多的组获胜。

图 9-18

游戏规则：

(1)顶球时不得踏线。

(2)依次顶球，任何人不得干扰他人顶球。

游戏设计建议：

(1)根据学生的技术水平，可缩小或扩大顶球距离。

(2)根据学生的技术水平，可限定或不限定顶球方法。

三、跳起顶球

游戏设计目的：提高学生跳起顶球技术的规范性和准确性。

游戏准备：网兜、吊绳若干，足球场地1块，足球若干个。

游戏方法：

(1)在适当高度悬挂吊起足球，各球之间间隔50厘米。

(2)全体学生纵队排列，在始发线后站立，从队首学生开始，连续双脚原地起跳头顶球，每个球顶3次，依次顶球结束后返回队尾，第二人出发顶球，所有学生依次完成顶球(图9-19)。

图 9-19

游戏规则：

(1)依次顶球，不得遗漏。

(2)每人跳起顶中每个球3次，未顶中应重新顶，直到顶中3次。

游戏设计建议：

(1)根据学生的技术水平，调整足球的悬挂高度。

(2)强调学生顶球动作的规范性。

四、顶球接力

游戏设计目的：使学生体会跑动中前额触球的感觉。

游戏准备：足球场地，足球若干个，标志杆4根。

游戏方法：

(1)所有学生均分为两队，两队纵向排列在始发线后。

(2)游戏开始，从队首学生开始，头上顶一个足球跑进，到对面标志杆后顶球返回，与第二人击掌后，将球交给第二人，第二人出发，各队员依次进行。

(3)先完成顶球游戏的队获胜。

游戏规则：

(1)跑进中，头上的足球如果掉下，应回到始发线重新出发。

(2)跑进中，手不得扶球。

游戏设计建议：

(1)游戏初期，足球可以不充气太足，以降低游戏难度，主要让学生体会头顶球的感觉。

(2)根据学生的技术水平，调整跑动距离。

五、头颠球比赛

游戏设计目的：提高学生前额正面头顶球的能力。

游戏准备：小足球场地1块，每人1个足球。

游戏方法：每人手持1个足球，听教师发令后，用前额部位顶球，足球不得落地。

游戏规则：

(1)规定时间内顶球次数多者获胜。

(2)统计有效顶球次数，顶球失误不计次数。

游戏设计建议：可以让学生自己设定目标，互相比赛。

六、头顶球射吊环

游戏设计目的：提高学生头顶球的准确性。

游戏准备：吊绳 1～2 根，呼啦圈 2～3 个，每两人 1 个足球。

游戏方法：

(1)选择适当高度设置吊环。

(2)各队学生站在相对应的吊环的始发线后，每人 1 球，自抛自顶球或顶同伴抛的球，使球穿过吊环(图 9-20)。

(3)各队队员依次进行，每人顶一次，最后头顶球穿过吊环次数多的队获胜。

游戏规则：

(1)必须站在始发线后顶球。

(2)自抛球顶进吊环得 1 分；顶同伴抛的球进吊环得 2 分。

图 9-20

游戏设计建议：

(1)根据学生的技术水平，调整吊环大小。

(2)根据学生的技术水平，调整吊绳的高低。

第四节　踢球游戏教学设计

一、骑马打仗

游戏设计目的:提高学生的腿部力量和协同配合能力。

游戏准备:足球场地。

游戏方法:

(1)所有学生均分为两队,每队中两人一组,一人背另一人。

(2)游戏开始,两队开始对抗,背上的人努力将对方背上的人拉下“马”(图 9-21)。

(3)规定时间内,场上剩余的“马”多的队获胜。

图 9-21

游戏规则:

(1)背上的人,只许拉扯对方的手、肩部。

(2)被拉下“马”的学生退出游戏。

游戏设计建议:

(1)根据学生情况,可限定对抗的区域,并控制同时在对抗区域的人数。

(2)游戏中应注意安全。

二、百步穿杨

游戏设计目的：提高学生踢空中球的能力。

游戏准备：足球场地，足球若干个，球筐1个。

游戏方法：

(1)在足球场地上画四个不同直径的同心圆。

(2)所有学生均分为两队，纵队排列在始发线后，依次向同心圆踢球(图9-22)。

(3)踢球进入不同圆内得不同分数，圆心得分最高，向外得分依次减少。

(4)各队队员依次完成踢球，最终得分多的队获胜。

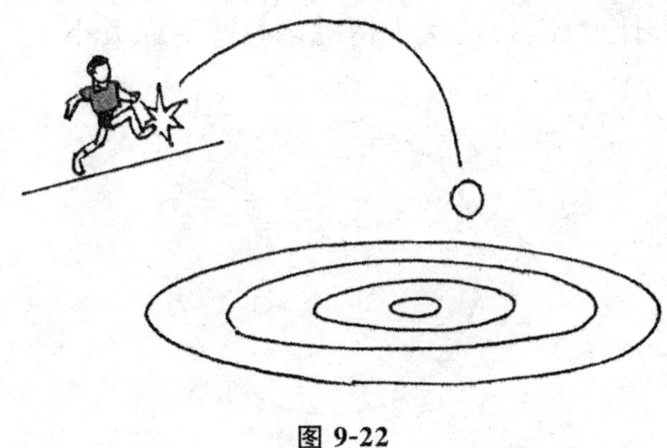

图 9-22

游戏规则：

(1)踢空中球进入圆中才计分，地滚球不计分。

(2)球直接落到圆圈中计分。

(3)球落地后滚入圆圈中不计分。

游戏设计建议：

(1)根据学生的技术水平，确定各同心圆的半径大小。

(2)根据学生的技术水平，调整始发线距同心圆的距离。

三、争分夺秒

游戏设计目的:提高学生的"球感",让学生体会踢球时脚触球的感觉、角度、力度。

游戏准备:足球场地,足球若干个。

游戏方法:学生围成一个圆,圆心放一足球,指定一人为1号,顺时针报数,顺时针慢跑,教练给出十以内加减法算式,与算式结果相同号码的学生快速入圈,进行1分钟颠球,颠球结束,游戏继续,每个人都颠球后,数量多者胜(图9-23)。

游戏规则:

(1)用脚颠球,可选择脚内侧颠球,或正脚背颠球。

(2)触球的部位、技术动作应正确。

(3)颠球失误应重新开始计数。

游戏设计建议:根据学生情况调整圆圈的大小。

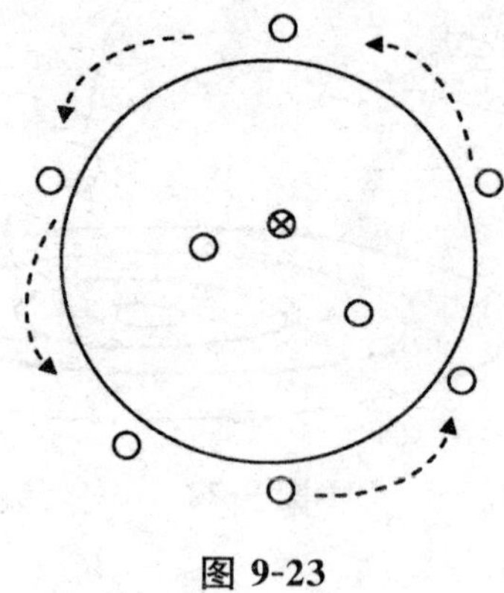

图9-23

四、击球出城

游戏设计目的:增强学生的手臂力量及提高投准能力。

游戏准备:足球场地,足球若干个。

游戏方法:

(1)在场地上画一个大的正方形(尽量大),正方形中间画一个小的正方形为“城堡”,“城堡”中放一个有标记的足球。

(2)全体学生分别站在大正方形边线外,每人拿一个足球准备。

(3)游戏开始,学生依次踢球击打小正方形中的球,使其滚出大正方形边线(图 9-24)。

图 9-24

游戏规则:

(1)站在大正方形边线外踢球,不得越线。

(2)只将小正方形中的球击出“城堡”不算,必须使“出城”的球越过大正方形边线。

游戏设计建议:

(1)学生可选择在大正方形的任何一条边线外踢球。

(2)根据学生的技术水平,调整大正方形的大小。

五、围猎打狼

游戏设计目的:提高踢球的准确性,发展学生的速度和灵敏素质。

游戏准备:足球场地,足球若干个。

游戏方法:

(1)在场地上画一个直径为 15 米的圆圈游戏区,全体学生均分为两组。一组为“狩猎者”,另一组为“狼群”。

(2)游戏开始,“狼”分散于圆圈场地内。“狩猎者”在场外踢球,伺机用球踢中“狼”,被击中的“狼”退出游戏(图 9-25)。

图 9-25

游戏规则:

(1)被围猎的“狼”均不得跑出游戏区。

(2)踢球时,只准用球击对方的腿部。

游戏设计建议:

(1)根据学生的技术水平,调整游戏圆圈的大小。

(2)可规定“狩猎者”的踢球脚法。

六、激情四射

游戏设计目的:培养学生短传配合的能力和攻防意识。

游戏准备:足球场地,标志旗 8 面,足球若干个。

游戏方法:

(1)在场地上画一个边长为 40 米的正方形游戏区,4 条边线中间处插两面小旗,间隔两米,组成 4 个球门。

(2)全体学生均分为两队,分散站立于场地内。

(3)游戏开始，各队守卫规定的相邻的两个球门，双方争取多次射门(图 9-26)。

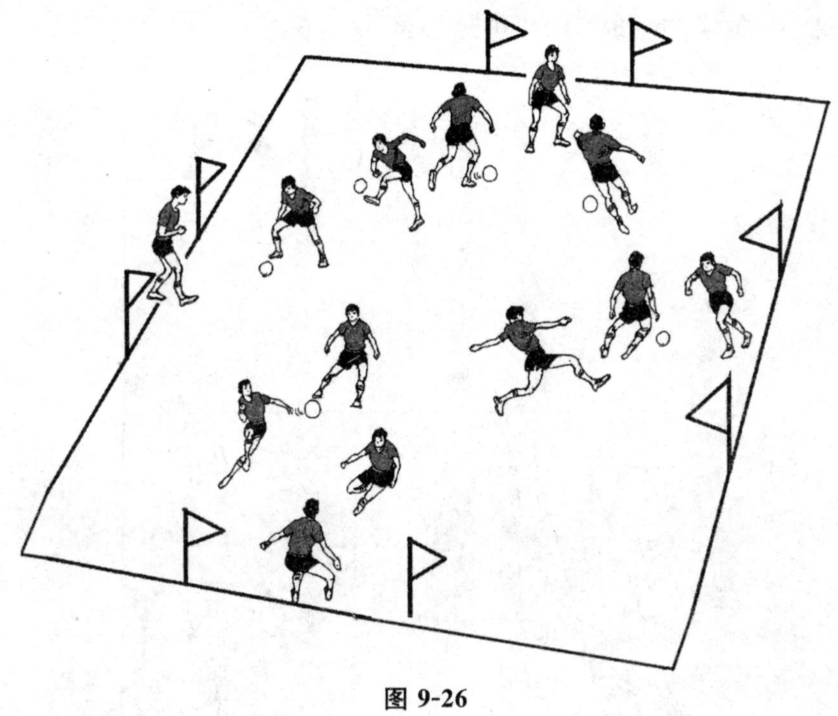

图 9-26

游戏规则：

(1)双方均不设守门员。

(2)规定时间内得分多的一方获胜。

游戏设计建议：

(1)根据学生的技术水平，变换球门大小。

(2)可限定学生踢球射门的脚法。

七、踢小足球门

游戏设计目的：发展学生脚部的控球能力。

游戏准备：足球场地，标志旗 4 面，足球若干个。

游戏方法：

(1)在场地上画出一个 30 米×15 米的长方形区，画中线，中线两端等距离处用旗子标出 2 个球门。

(2)所有学生均分为两队,相对站立在各自场地的端线上。

(3)游戏开始,双方游戏者每人各持一球,双方可任意选射一个球门,在规定的时间内,进球多的一队获胜(图 9-27)。

图 9-27

游戏规则:

(1)两队交替踢球射门,不得同时踢射。

(2)只准用脚背正面和脚内侧踢球。

游戏设计建议:根据学生的技术水平设置球门的大小。

八、清场比赛

游戏设计目的:提高学生脚控球的能力及控球节奏感,培养学生的团队意识。

游戏准备：小足球场地 1 块，绳子 1 根，足球若干个。

游戏方法：

(1)在场地上画出一个长方形区，在中线距地 2 米高处设长绳一根。

(2)全体学生均分为两队，每人 1 个足球，分别站立于各自的半场内。

(3)双方尽力将球从长绳下踢进对方场区，规定时间内，半场内足球少的一队获胜(图 9-28)。

图 9-28

游戏规则：

(1)双方不准进入对方的场区。

(2)球必须从长绳下钻过，且不准飞到场外。

游戏设计建议：根据学生的技术水平调整长绳的高度。

第五节　射门游戏教学设计

一、打靶

游戏设计目的：提高学生踢球的力量和原地定位球射门的准

确性。

游戏准备:足球场地,两个靶台,足球若干个。

游戏方法:

(1)在场地上画一条发球线,在距该线10～12米处放两个靶台。

(2)全体学生分成人数相等的两队,游戏开始,排头向靶台发球,击中可得1分,全队依次发球。最终得分多的队获胜(图9-29)。

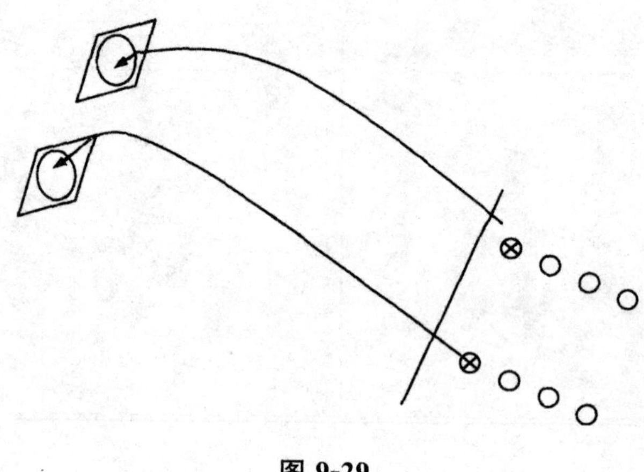

图 9-29

游戏规则:

(1)按顺序进行发球。

(2)以球的第一落点击中的区域为准计分。

游戏设计建议:

(1)根据学生的技术水平将原地踢定位球改为运球射门,以增加游戏难度。

(2)根据学生的技术水平适当改变发球线与靶台之间的距离。

二、投雷

游戏设计目的:提高学生踢球的准确性和对射门落点的控制能力。

游戏准备:足球场地1块,足球若干个。

游戏方法:

(1)在场地上画出一个长方形区域,区域内放两个球筐。

(2)全体学生分成人数相等的两队,站在标志线后准备踢球,踢球方法不限,球最终落入球筐得2分,落到长方形区域内得1分,落在长方形区域外得0分(图9-30)。

(3)各队队员依次进行,最后得分多的队获胜。

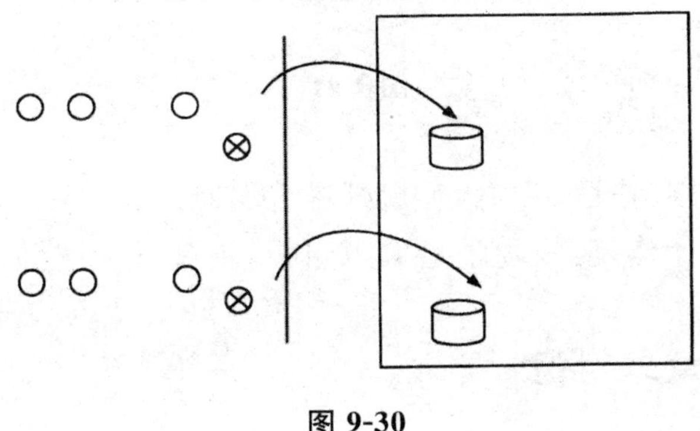

图 9-30

游戏规则:

(1)可随意调整两个球筐在长方形区域内的位置。

(2)射门标志线应尽量远,但不要超出学生的踢球射门水平。

游戏设计建议:

(1)根据学生的技术水平,调整球筐大小和位置。

(2)根据学生的技术水平,确定学生的发球线位置。

三、点球大战

游戏设计目的:提高学生成功射门的技术水平。

游戏准备:足球场地半块,足球2个。

游戏方法:

(1)所有学生均分为两队,每队有一名守门员。

(2)游戏开始后,所有学生都站在罚球区外,由任一队开始罚球,每一轮罚球各队各出一名学生,进球得1分,不进球不得分。

(3)所有学生完成罚球后,得分高的队获胜(图 9-31)。

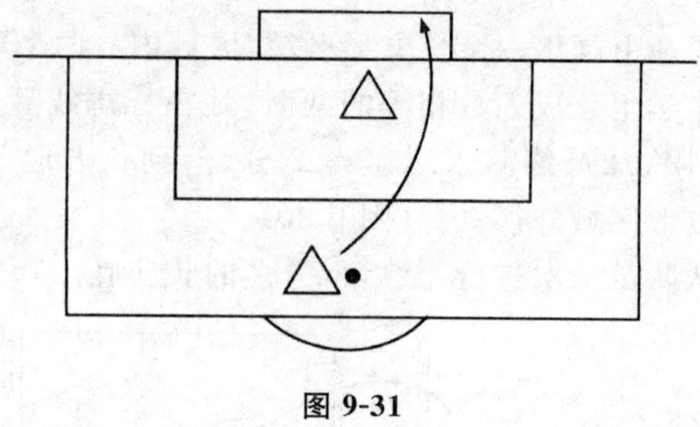

图 9-31

游戏规则:按照足球竞赛规则进行游戏。

游戏设计建议:鼓励学生大声叫喊,制造紧张气氛。

四、任意球射门

游戏设计目的:提高学生定位球射门的能力。

游戏准备:足球场地 1 块,足球 20 个,竹竿 2 根。

游戏方法:

(1)所有学生均分为两队,每人持一球站在罚球区外。从两球门立柱向内 1 米处,各绑一根与球门同高的竹竿。将竹竿到球门立柱的两侧区域划分为 2 分区,剩下的球门内区域为 1 分区。

(2)游戏开始后,学生将球放在罚球区以外的任意点射门。射进 2 分区得 2 分,射进 1 分区得 1 分,没有射进不得分。最后,总分高的队获胜(图 9-32)。

游戏规则:

(1)必须将球放在罚球区以外射门,且不能连续两次触球。

(2)球击中球门柱弹进球门得 3 分,弹回场内可重新射门,弹出场外视为射门失败,不得分。

游戏设计建议:根据学生的技术水平,可设守门员和人墙板,以增加游戏难度。

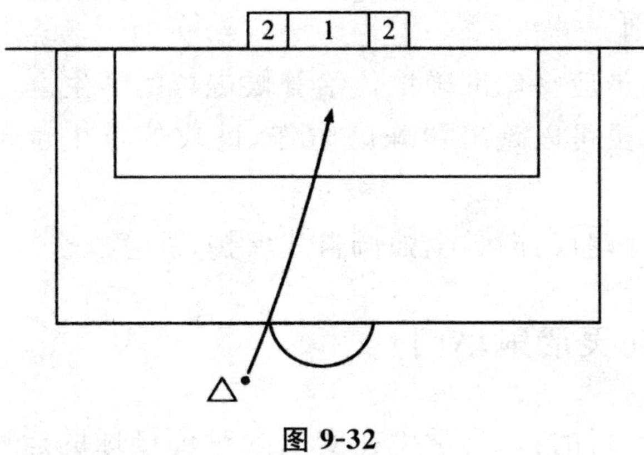

图 9-32

五、一对一射门

游戏设计目的:提高学生的射门技术水平及射门时的心理素质。

游戏准备:足球场地 1 块,足球 1 个。

游戏方法:

(1)所有学生均分为两队,每队设一名守门员,其他学生站在罚球区外。

(2)游戏开始,任意一队先充当进攻方开始游戏。对方守门员将球传出罚球区,进攻方的学生得到球后,向对方球门运球,伺机射门。

(3)射进球门得 1 分,没有射进球门不得分。最后得分高的队获胜(图 9-33)。

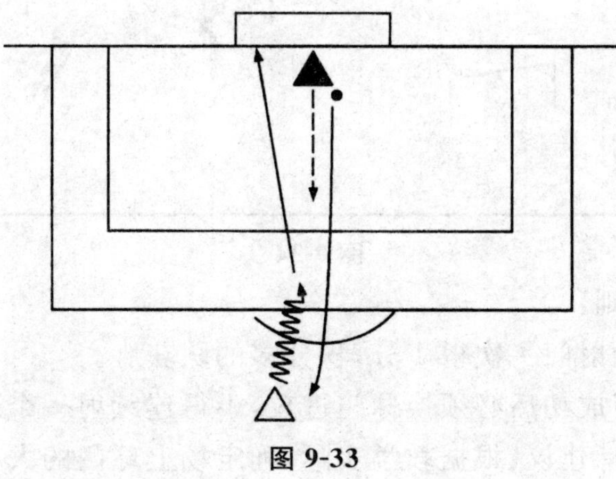

图 9-33

游戏规则：

(1)守门员应将球准确地传给等候进攻的学生。

(2)守门员可以跑出罚球区防守，进攻的学生也可以直接射门得分。

游戏设计建议：向学生强调自我保护，注意安全。

六、机动灵活射小门

游戏设计目的：提高学生在实战中对传接球的运用能力和反应能力，培养进攻意识。

游戏准备：足球场地，标志物若干，足球 2 个。

游戏方法：

(1)在场地上画出 40 米×40 米的正方形区域，在区域内随意布置标志物，设置 5 个任意方向的 2～3 米宽的小球门。

(2)所有学生均分为两队，不设守门员。学生分散在场地上，一方先开球。控制球的队要争取从任何方向将球射入任何一个球门，且射进门的球被同伴接住后方能算成功一次，直到被对方抢到球为止。另一队学生尽力阻止对方射门(图 9-34)。

图 9-34

游戏规则：

(1)成功射门一次得 1 分，积分多的队获胜。

(2)射门成功后必须换球门进攻，不得连续射一个球门。

游戏设计建议：根据教学实际，确定场上球门的大小和数量。

参考文献

[1] 谢敏.我国校园足球开展现状刍议[J].哈尔滨体育学院学报,2018,36(5):56-60.

[2] 郝纲.我国校园足球活动开展的现状问题及对策研究[J].当代体育科技,2018,8(26):161-163.

[3] 张文杰,罗利,张庭华.我国开展“校园足球”的背景浅析[J].当代体育科技,2017,7(1):240-242.

[4] 魏志鹏.影响校园足球开展的因素研究[D].开封:河南大学,2019.

[5] 王阳.河北省校园足球活动的开展现状和影响因素分析[D].石家庄:河北师范大学,2015.

[6] 陈超.校园足球活动在辽宁省布局小学的开展现状及影响因素分析[D].沈阳:沈阳体育学院,2010.

[7] 成耀东.青少年校园足球未来发展模式的设想[J].当代体育科技,2013,3(29):99-100.

[8] 朱峰,吴瑞红.新时期我国校园足球发展趋势的调查研究[J].运动,2016(14):5-6.

[9] 胡月.校园足球审美教育[D].南京:南京体育学院,2017.

[10] 杨辰翔.现代足球运动美学研究[D].成都:四川师范大学,2014.

[11] 纪旭.吉林省高校体育院系足球项目审美教育现状及其对策研究[D].长春:吉林体育学院,2015.

[12] 胡小明.体育美学[M].北京:高等教育出版社,2009.

[13] 周毅.校园足球课程构建导论[M].广州:广东高等教育

出版社,2019.

[14] 毛振明.体育教学论[M].北京:高等教育出版社,2005.

[15] 毛振明,于素梅.体育教学内容选编技巧与案例[M].北京:北京师范大学出版社,2009.

[16] 李吉松.新时期体育教学内容体系构建的理性思考与优化[J].绵阳师范学院学报,2013,32(5):115-120.

[17] 蒲一川.我国足球文化建设的价值取向及发展路径[J].绵阳师范学院学报,2012,31(3):103-107.

[18] 何强.校园足球热的冷思考[J].体育学刊,2015(2):5-10.

[19] 王哲.我国校园足球运动开展现状[J].运动,2012(44):81-82.

[20] 王大利.新形势下高校足球教学改革及对策[J].体育世界,2013(4):119-120.

[21] 钟复春.新形势下高校足球教学存在的问题及对策研究[J].青年与社会,2013(4):173.

[22] 梁伟.校园足球可持续发展评价研究[M].济南:山东人民出版社,2016.

[23] 董众鸣,龚波,颜中杰.开展校园足球活动若干问题的探讨[J].上海体育学院学报,2011(2):91-94.

[24] 毛振明,刘天彪,臧留红.论“新校园足球”的顶层设计[J].武汉体育学院学报,2016(3):5-10.

[25] 何志林.足球教学训练工作指南[M].北京:人民体育出版社,2010.

[26] 朱宏庆.足球技战术分级教学研究[M].济南:山东大学出版社,2010.

[27] 张瑞林.足球运动[M].北京:高等教育出版社,2005.

[28] 黄竹杭.足球训练设计[M].北京:高等教育出版社,2010.

[29] 王崇喜.足球教学设计[M].北京:高等教育出版社,2009.

[30] 张庆春,龚喜军,刘文娟,刘丹.中国青少年足球操作性训练理念的实践特征[J].北京体育大学学报,2006(4):552-556.

[31] 冯涛. 足球教学设计与训练实践研究[M]. 长春:吉林大学出版社,2018.

[32] 史贵名. 浅谈高校足球教学训练方法探析[J]. 才智,2012(27):227.

[33] 李鑫. 浅谈高校足球教学与训练的新方法[J]. 当代体育科技,2014(20):31.

[34] 于振峰,等. 体育游戏(第 2 版)[M]. 北京:高等教育出版社,2007.